HAL LEONARD
GITARRENMETHODE

AKUST[

	PAGE	TRACK
TUNING		1
EINLEITUNG	2	
WELCHE AKUSTIKGITARRE PASST ZU MIR?	3	
KAPITEL 1: SCHLAGEN	6	2–16
Barely Breathing	13	17
KAPITEL 2: ZUPFEN	16	18–31
Dust In The Wind	23	32
KAPITEL 3: SPIELEN MIT KAPO	26	33–42
Here Comes The Sun	32	43
KAPITEL 4: ALTERNATIVE STIMMUNGEN	36	44–49
Name	41	50
KAPITEL 5: COUNTRY & BLUEGRASS	44	51–58
Wildwood Flower	50	59
KAPITEL 6: BLUES- UND SLIDE-GITARRE	53	60–67
Cross Road Blues (Crossroads)	59	68
KAPITEL 7: AKUSTIK-RIFFS	64	69–82
Angie	72	83
NACHWORT	77	
LEGENDE FÜR GITARRENNOTATION	78	

Hal Leonard Akustikgitarrenmethode
Deutsche Erstausgabe
Copyright © 2005 by Hal Leonard Europe
Copyright © 2014 by Bosworth Music GmbH - The Music Sales Group

Übersetzung: Tobias Rothenbücher

Alle Texte und Bilder sind urheberrechtlich geschützt. Jede Verwertung ohne Zustimmung des Verlages ist unzulässig. Kein Teil des Werkes darf in irgendeiner Form ohne schriftliche Genehmigung des Verlages reproduziert oder unter Verwendung elektronischer Systeme gespeichert, verarbeitet, vervielfältigt oder verbreitet werden. Ausgenommen von diesen Regelungen sind Rezensenten und Kritiker. Diesen ist es gestattet, unter Angabe der Quelle auszugsweise zu zitieren.

Unerlaubter Nachdruck dieser Publikation, auch in Teilen, ist mit jedem Verfahren, einschließlich der Fotokopie, eine Verletzung des Urheberrechts.

BOE5207
ISBN 978-3-86543-827-0

Printed in the EU.
www.bosworth.de

EINLEITUNG

Herzlich willkommen, zur Hal-Leonard-Akustikgitarrenmethode. Dieses Heft versteht sich als Ergänzung zur Hal-Leonhard-Gitarrenmethode – mit besonderem Schwerpunkt auf Akustikgitarre. Das Heft beginnt zwar mit den Grundlagen, umfasst aber auch eine Menge Material für erfahrene Gitarristen. In jedem Kapitel werden zuerst anhand einfacher Beispiele bestimmte Techniken gezeigt, dann folgen Auszüge aus „echten" Songs. An kompletten Stücken der Beatles, der Goo Goo Dolls oder von Robert Johnson und vielen anderen wird deutlich, wie sich die Ideen aus diesem Buch in alltäglichen Spielsituationen anwenden lassen. Wie ließen sich die Grundlagen der Akustikgitarre auch besser lernen, als von den Profis. Also los!

TABULATUR UND GRIFFTABELLEN

Bereits seit Langem verwenden Gitarristen das auf Zahlen basierende Tabulatursystem („Tab") als Notenschrift für ihr Instrument. Eine Tabulatur besteht aus sechs waagerechten Linien, die für die Saiten der Gitarre stehen. Die oberste Linie stellt die hohe E-Saite dar, die folgende die B-Saite, die dritte die G-Saite und so weiter. Eine Zahl auf einer dieser Linien steht für den Bund, in dem ein bestimmter Ton gegriffen wird.

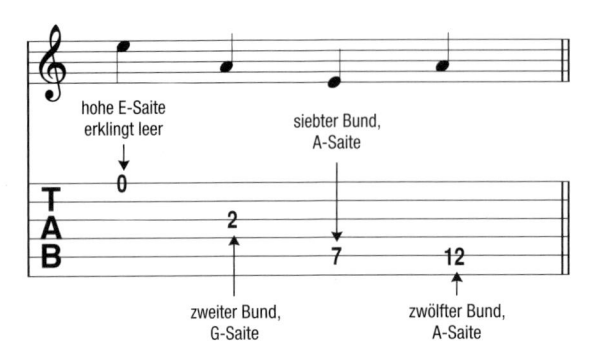

In manchen Beispielen tauchen *Grifftabellen* auf. Hier eine Erläuterung, falls du solche Tabellen noch nicht kennst. Die sechs senkrechten Linien stellen die Gitarrensaiten dar: links die tiefste, rechts die höchste.

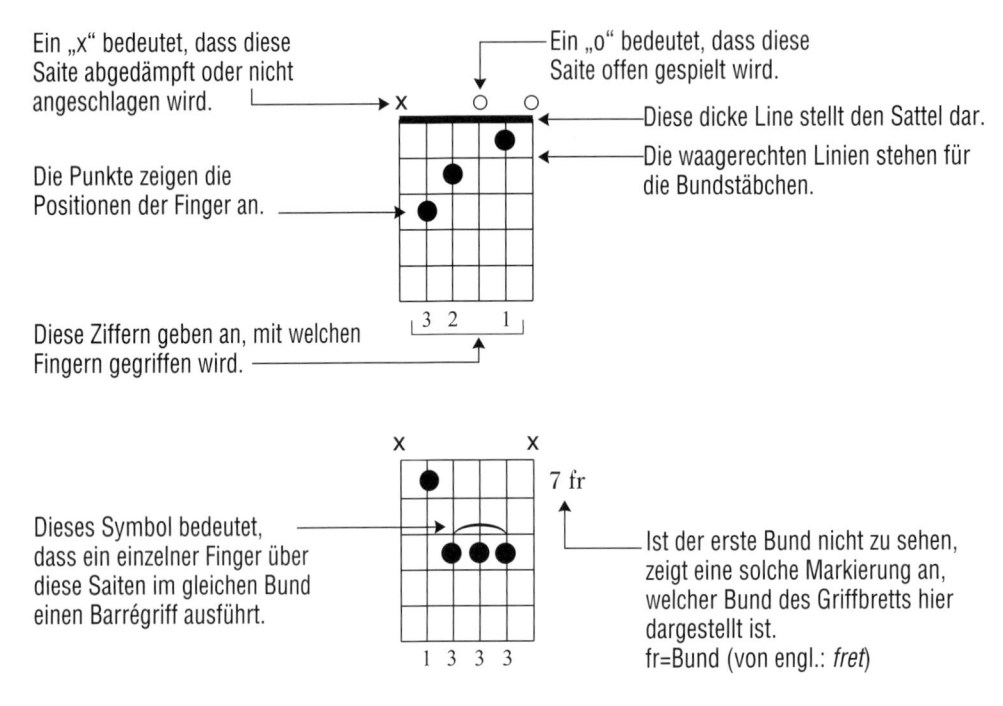

Ein „x" bedeutet, dass diese Saite abgedämpft oder nicht angeschlagen wird.

Ein „o" bedeutet, dass diese Saite offen gespielt wird.

Diese dicke Line stellt den Sattel dar.

Die waagerechten Linien stehen für die Bundstäbchen.

Die Punkte zeigen die Positionen der Finger an.

Diese Ziffern geben an, mit welchen Fingern gegriffen wird.

Dieses Symbol bedeutet, dass ein einzelner Finger über diese Saiten im gleichen Bund einen Barrégriff ausführt.

Ist der erste Bund nicht zu sehen, zeigt eine solche Markierung an, welcher Bund des Griffbretts hier dargestellt ist.
fr=Bund (von engl.: *fret*)

DIE AUDIOBEISPIELE

Auf der CD sind viele Beispiele aus diesem Buch zu hören. Am Ende jedes Kapitels kannst du zu einem ganzen Song jammen und deine neu erworbenen Fähigkeiten ausprobieren. Die Track-Nummer zu einem solchen Song oder einem Hörbeispiel steht unter diesem Audio-Symbol.

WELCHE AKUSTIKGITARRE PASST ZU MIR?

Wenn du deine erste Akustikgitarre kaufen möchtest, bist du wahrscheinlich von der schier endlosen Auswahl erschlagen. Alles an der Gitarre hat Auswirkungen auf ihren Klang: die Holzsorte, das Cutaway (falls vorhanden), ihre Verbalkung und sogar der Lack. Dieses Kapitel soll dir ein paar Anhaltspunkte geben, die es dir ein bisschen erleichtern, das richtige Instrument zu finden.

Wie die meisten Instrumente sind Gitarren sehr persönliche Gegenstände. Viele Gitarristen entwickeln zu ihrem Instrument eine starke Zuneigung, wenn sie eines finden, das wie für sie gemacht scheint. Arme und Hände sind bei jedem Menschen anders proportioniert, und wie eine Gitarre in der Hand liegt, ist ebenso wichtig wie ihr Klang oder ihr Aussehen. Vielleicht bist du ja schon von der Idee begeistert, die Gitarre zu kaufen, die dein Lieblingsgitarrist spielt. Testest du aber diese Gitarre an und stellst fest, dass sie dir einfach nicht liegt, bist du besser beraten, weiter zu suchen, statt dir das Instrument künstlich schmackhaft zu machen. Denk daran, dass du (hoffentlich) viel Zeit mit ihm verbringen wirst, und es soll ja kein Kampf daraus werden. Angesichts der grenzenlosen Auswahl heutzutage, wirst du sicher eine Gitarre finden, die so klingt, so aussieht und sich so spielt, wie es dir gefällt, wenn du bereit bist dich lange genug umzusehen.

GRÖSSE UND TYP

Es gibt viele unterschiedliche Akustikgitarrentypen. Hier sehen wir uns die verbreitetsten Varianten mit ihren Eigenschaften an.

Westerngitarren
Westerngitarren sind große Instrumente mit einem vollen Klang und kräftigen Bässen, die man üblicherweise zur Gesangsbegleitung einsetzt. Es handelt sich um den bei Weitem verbreitetsten Typ, und die meisten Nichtgitarristen stellen sich wahrscheinlich eine Western- (oder manchmal auch Dreadnought-) Gitarre vor, wenn sie an Akustikgitarren denken. Ganz unterschiedliche Hölzer werden zu Westerngitarren verbaut, und ihre Preise reichen von unter hundert Euro bis zu mehreren Tausend (das trifft auf alle hier genannten Typen zu). Die Martin D-28 gehört zu den beliebtesten Westerngitarren.

Folk- oder Parlour-Gitarren
Eine solche Gitarre ist viel kleiner und meistens ein bisschen leiser als eine Westerngitarre. Aufgrund der geringen Größe ist das Frequenzspektrum in der Regel ausgewogener, was sich in einem gleichmäßigen, klaren Sound ausdrückt, wie ihn vor allem Gitarristen bevorzugen, die mit den Fingern spielen. Die Parlour-Gitarren von Larivee gehören zu den beliebtesten Modellen dieses Typs.

Jumbos
Wie der Name vermuten lässt, ist dies der größte Akustikgitarrentyp und er sorgt erwartungsgemäß für einen besonders satten, vollen Sound. Solche Gitarren haben meist stark betonte Bässe. Der Klang ähnelt dem einer Westerngitarre, doch bei einem Jumbomodell sind die Mitten oft noch etwas ausgeprägter. Ihr Timbre setzt sich in Arrangements mit vielen unterschiedlichen Instrumenten oft gut durch, was sie bei Popmusikern sehr beliebt macht. Die Gibson SJ-200 ist eine häufig zu hörende Jumbogitarre.

Zwölfsaiter
Zwölfsaitige Gitarren sind – mit Ausnahme des Folk-Typs – in allen obengenannten Größen erhältlich. Die beiden höchsten Saitenpaare sind jeweils identisch, die tieferen vier im Oktavabstand gestimmt, was dem Instrument einen schillernden Klang verleiht, der noch dem simpelsten Schlagmuster Leben einhaucht (man denke an „Hotel California" von den Eagles). Verbreitete zwölfsaitige Modelle sind etwa die Guild F212 XL oder die Gibson J-185 12.

| Martin D-28 | Parlour-Gitarre von Larivee | Gibson SJ-200 | Gibson J-185 12 |

ANDERE EIGENSCHAFTEN

Neben Größe und Typ sind noch ein paar andere Faktoren bei der Wahl des passenden Instruments zu beachten.

Cutaway

Von nahezu jedem der genannten Typen gibt es auch Modelle mit Cutaway. Über die Auswirkungen eines Cutaways auf den Sound lässt sich zwar streiten, aber bei einem gut gefertigten Modell sollte es eigentlich keine nennenswerten Einbußen geben. Wenngleich die Auswirkungen minimal sein dürften, so sind sie doch hörbar. Der Vorteil ist natürlich, dass die höheren Lagen leichter erreichbar sind. Wenn du nicht vorhast, die himmlischen Höhen deines Griffbretts auf der Akustikgitarre zu erkunden, ist ein Modell mit Cutaway sicher nicht nötig.

Elektro-akustische Gitarren

Oft sind auch praktische Erwägungen entscheidend, wenn es um die Wahl des passenden Instruments geht. Falls du beispielsweise vorhast, die Akustikgitarre live mit deiner Band einzusetzen, solltest du dir elektro-akustische Modelle ansehen. Es gibt sie in allen beschriebenen Typen (auch mit Cutaway) und sie sind wahrscheinlich bei bestimmten Leuten genauso beliebt wie Standardmodelle. Solche Instrumente haben einen Tonabnehmer (Pickup) und können somit wie E-Gitarren an Verstärker angeschlossen werden. Es gibt unterschiedliche Tonabnehmer-Typen, darunter Piezo-Pickups (unter der Brücke angebracht), elektromagnetische Modelle für das Schallloch und Kontakt-Pickups (die man innen oder außen an der Decke befestigt). Mit Sicherheit lässt sich sagen, dass die Gitarre über Verstärker oder PA nicht wie „in natura" klingen wird. Teurere Pickups übertragen den Sound zwar naturgetreuer, aber Unterschiede hört man immer, doch nur verstärkt ist die Gitarre laut genug, um sich in einer Band durchzusetzen.

Viele Elektro-Akustikgitarren haben eingebaute Regler – etwa für Lautstärke oder einen Equalizer –, die es in gewissem Maß ermöglichen, den Sound zu gestalten. Die Klangregelung kann von einem einfachen „Tone"-Regler bis hin zu einem Dreiband-Equalizer für Bässe, Mitten und Höhen reichen.

Verstärker

Inzwischen gibt es einige Verstärker, die speziell auf Akustikgitarren ausgelegt sind. Viele haben einen zusätzlichen Gesangskanal mit einem XLR-Eingang für Mikrofone und eigener Lautstärke- und Klangregelung. Oft ist das die perfekte Wahl für Singer/Songwriter, die in kleineren Läden spielen wollen, wo nur wenig Verstärkung nötig ist. Als Alternative verwenden viele Gitarristen DI-Boxen, die es ermöglichen, die Gitarre – in Verbindung mit verschieden Effektgeräten (Equalizer, Kompressor und anderen) – direkt in ein Mischpult zu stöpseln. So lässt sich der Sound auch weiter gestalten, da das Pult ebenfalls über Klangregler verfügt.

Wenn du dich mit dem Sound einer elektro-akustischen Gitarre partout nicht anfreunden kannst, gibt es noch eine weitere Möglichkeit der Verstärkung: ein Mikrofon. In der Regel überträgt ein Mikro den Klang deiner Gitarre getreuer, als es ein Pickup kann, doch es gilt ein paar Dinge zu beachten – etwa die Bewegungsfreiheit. Spielst du über ein Mikrofon, sitzt du davor fest und darfst dich nicht weiter als acht bis zehn Zentimeter entfernen. Daher spielt man meistens im Sitzen über Mikrophon. Ein anderes Problem sind Rückkopplungen. Ein Richtmikrofon kann da zwar oft schon helfen, aber manchmal muss man zusätzlich auf die Dienste eines Equalizers oder einer anderen Form der „Feedback-Bekämpfung" zurückgreifen, um die Übeltäter-Frequenzen zu bestimmen und auszuschalten. Seit Kurzem sind verschiedene innen oder außen montierbare Mikrofone auf dem Markt, die die praktischen Vorteile eines Pickups mit den Soundqualitäten eines Mikros verbinden. Diese Systeme bewegen sich zwar meist in den oberen Preisregionen, wenn du jedoch bei deinem Sound keine Kompromisse eingehen willst, könnte das für dich die beste Wahl sein.

Fernandez-Modell mit Cutaway

Elektro-akustisches Modell von Fender

Akustikgitarren-Amp von Fender

BEIM GITARRENBAU VERWENDETE HÖLZER

Den wichtigsten Beitrag zum Sound einer Akustikgitarre liefern wahrscheinlich die verbauten Hölzer. Klang, Aussehen und Belastbarkeit sind die wichtigsten Faktoren, die bei der Holzwahl eine Rolle spielen. Heute wird eine ganze Reihe unterschiedlicher Hölzer verwendet, und jedes formt den Klang auf eine andere Art. Es ist nicht unüblich, dass Boden und Zargen (die Seitenteile) einer Gitarre aus einem anderen Holz bestehen als die Decke.

Hier sind einige verbreitete Hölzer mit ihren wichtigsten Eigenschaften aufgeführt:

Decke

Sitka-Fichte: Gleichmäßige Maserung und eine umfassend gute Ansprache.

Engelmann-Fichte: Ein helles leichtes Holz mit etwas lauterem, „offeneren" Ton als ihn Sitka liefert.

Koa: Wunderbare Maserung und gute Ansprache vor allem in den Höhen mit etwas geringerer Lautstärke als bei Fichte.

Zeder (Western Red Cedar): Ein besonders leichtes Holz mit schön transparentem Klang und ausgewogener Lautstärke.

Echtes Mahagoni: trägt den Ton nicht ganz so gut wie andere und hat einen mittenbetonten Klang.

Boden und Zargen

Ostindischer Palisander: Ein Holz mit besonders kräftiger Klangfülle. Meist rot, braun oder tiefviolett, bringt warme Bässe, vor allem bei größeren Gitarren.

Rio-Palisander: Fast ausgestorben, daher sehr teuer und begrenzt erhältlich. Das Farbspektrum reicht von dunkelbraun bis violett mit schöner Maserung; die Ansprache ist schön ausgewogen.

Morado: Mit feinerer Struktur aber ansonsten in Erscheinung und Klangqualität dem ostindischen Palisander sehr ähnlich.

Koa: Goldbraunes Holz mit dunkler Zeichnung und etwas geringerer Ansprache in den Bässen (im Vergleich zu Palisander) bzw. in den Höhen (gegenüber Ahorn) – gleichwohl mit sehr ausgewogenem Ton.

Riegelahorn: Ein hartes Holz mit guten reflektierenden Eigenschaften und einer schönen wellenförmigen Maserung, das einen lauten, kräftigen Sound erzeugt.

All diese Einzelheiten sind zwar gut und schön – trotzdem ist vieles Geschmackssache. Jeder Gitarrist hört bei unterschiedlichen Gitarren andere Eigenschaften heraus, daher kann man kaum eine Entscheidung treffen, ohne Instrumente zu testen. Wenn du nicht in der Lage bist, viele unterschiedliche Gitarren anzuspielen, versuch mal herauszufinden, welche Modelle bei Aufnahmen gespielt wurden, die für dich gut klingen. So spielt Eric Clapton eine Martin mit Sitkafichtendecke und Boden und Zargen aus ostindischem Palisander. Bob Dylan hat bei den Aufnahmen zu „Bringing It All Home" eine Gibson Nick Lucas Special verwendet. Diese Gitarre hat Boden und Zargen aus Rio-Palisander und eine Decke aus Amerikanischer Rotfichte. Die Beatles haben in ihrer Frühzeit häufig zur Gibson J-160E mit ihrer reinen Sitkafichtendecke gegriffen. Boden und Zargen sind aus Mahagoni. James Taylor spielt eine handgefertigte Gitarre von Olson mit einer Zederndecke und Boden und Zargen aus ostindischem Palisander.

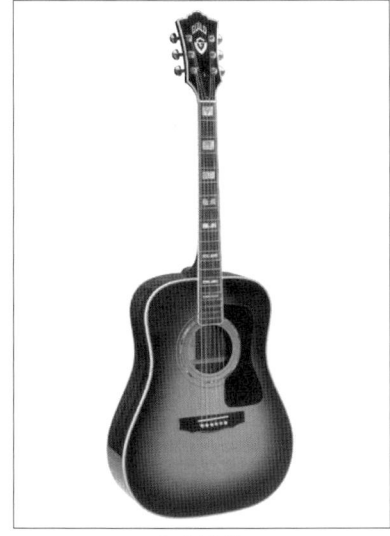

Guild D55    Seagull M6    Taylor 915 CE

KAPITEL 1: SCHLAGEN

Da es die wohl einfachste Spieltechnik ist, erscheint es besonders verwunderlich, wie viele Gitarristen simples Akkordeschlagen vernachlässigen. Es wirklich zu beherrschen, ist für Akustikgitarristen vielleicht die wichtigste Fähigkeit, vor allem, wenn man vorhat, sich selbst oder jemand anderen beim Singen zu begleiten.

Die Akkordgriffe zu kennen ist nur die halbe Miete. Vor allem die Technik der rechten Hand muss sitzen, wenn man die Zuhörer zum Mitgrooven bewegen will. In diesem Kapitel werden wir uns von ganz einfachen Schlagmustern zu etwas fortgeschritteneren vorarbeiten und dabei im Auge behalten, wie man diese Techniken in Songs anwendet.

Doch bevor es losgeht, schauen wir uns ein paar Akkorde an, die dir höchstwahrscheinlich begegnen werden. Denke immer an Folgendes, wenn du sie nach und nach ausprobierst:

- Achte darauf, dass alle Töne des Akkords sauber ausklingen. Spiele jede Saite einzeln an: Klingen einzelne Töne dumpf oder gedämpft, dann berührt wahrscheinlich ein Finger unbeabsichtigt die entsprechende Saite, oder du greifst sie nicht fest genug.

- Ein „x" über einer Saite zeigt an, dass sie nicht erklingen soll. Beim C-Dur-Akkord etwa, soll die tiefe E-Saite nicht schwingen. Das kann man auf unterschiedliche Weise erreichen: 1) Lass die Spitze deines Ringfingers leicht an der E-Saite anliegen, sodass sie abgedämpft wird. 2) Führe den Daumen deiner linken Hand von hinten um den Hals, sodass er die E-Saite leicht berührt und so dämpft. 3) Lass die E-Saite beim Anschlag weg.

  Ich rate dir sehr zum Dämpfen – also zu Methode 1) oder 2) –, denn bei Möglichkeit 3) musst du dich so darauf konzentrieren, die richtigen Saiten zu treffen, dass es dich beim Spielen hemmt. Wenn du dir angewöhnst, die Saiten abzudämpfen, die nicht gespielt werden, kannst du munter drauflos schlagen, ohne einzelne Saiten bewusst auszulassen. Vielleicht musst du dazu deine Grifftechnik ein bisschen anpassen, aber das ist schon alles.

- Verliere nicht den Mut. Als Anfänger werden deine Fingerspitzen zu Beginn ein bisschen rau. Wenn du häufiger spielst, entwickelt sich allmählich Hornhaut.

- Lange Fingernägel stören nur! Schneide deine Nägel kurz, dann fällt dir das Greifen viel leichter.

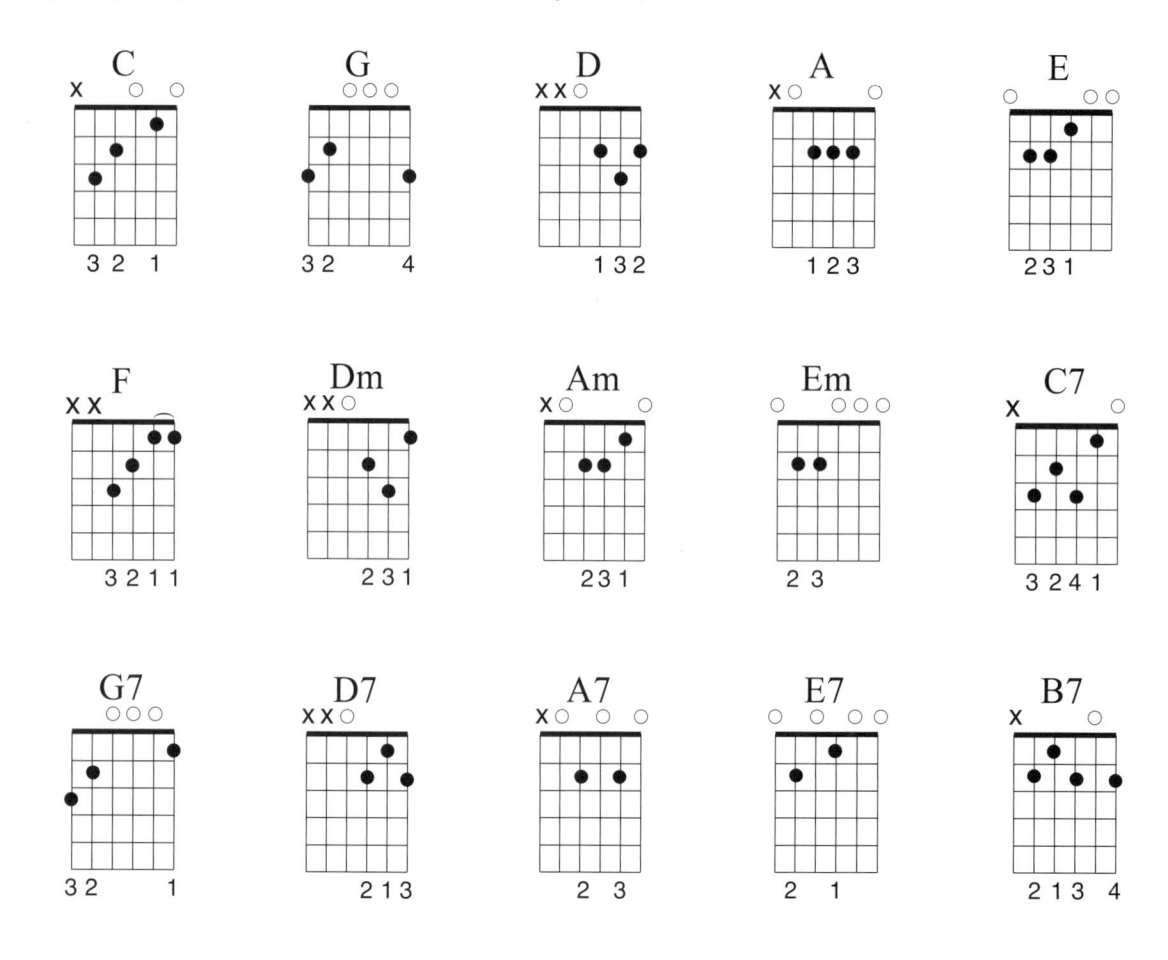

ABSCHLAG UND AUFSCHLAG

Gleichmäßiges Schlagen ist entscheidend, wenn man eine solide Technik entwickeln will. Deine Schlaghand muss ein verlässlicher gleichmäßiger Taktgeber werden, denn wenn man immer erst nachdenken muss, wie ein bestimmtes Schlagmuster geht, wird das zu einer besonders schwierigen Aufgabe. Wenn du aber immer ein paar grundlegende Schlagtechniken anwendest, merkst du schnell, dass die rechte Hand oft auf Autopilot schalten kann. In diesem Kapitel bekommst du das nötige Handwerkszeug, um nahezu jedes Schlagmuster, das dir über den Weg läuft, ohne großartiges Nachdenken zu spielen.

Probier mal diese ersten Beispiele aus. Achte dabei besonders auf die Angaben zur Schlagrichtung: ⊓ = Abschlag, V = Aufschlag. Wie du siehst, liegen alle Abschläge auf den Grundschlägen (1, 2, 3, 4), während alle Aufschläge auf dem Offbeat („und") gespielt werden. Das ist ein ganz wichtiges Prinzip, denn es gilt auch für schwierigere Schlagmuster. Vielleicht hilft es dir, wenn du den Rhythmus am Anfang laut mitzählst.

TRACK 2

zähle: 1 2 3 4   1 und 2 und 3 und 4 und

TRACK 3

zähle: 1 2 und 3 4 und   1 2 und 3 4 und

TRACK 4

zähle: 1 2 und 3 und 4 und   1 2 und 3 und 4 und

Das nächste Beispiel besteht ganz aus Achteln. Experimentiere doch mal damit, unterschiedliche Schläge dieses Patterns zu betonen. Schlage den Akkord zur Betonung einfach stärker an. Versuche beispielsweise zuerst, in jedem Takt die Schläge 2 und 4 zu betonen und achte darauf, wie dadurch Leben in das Pattern kommt.

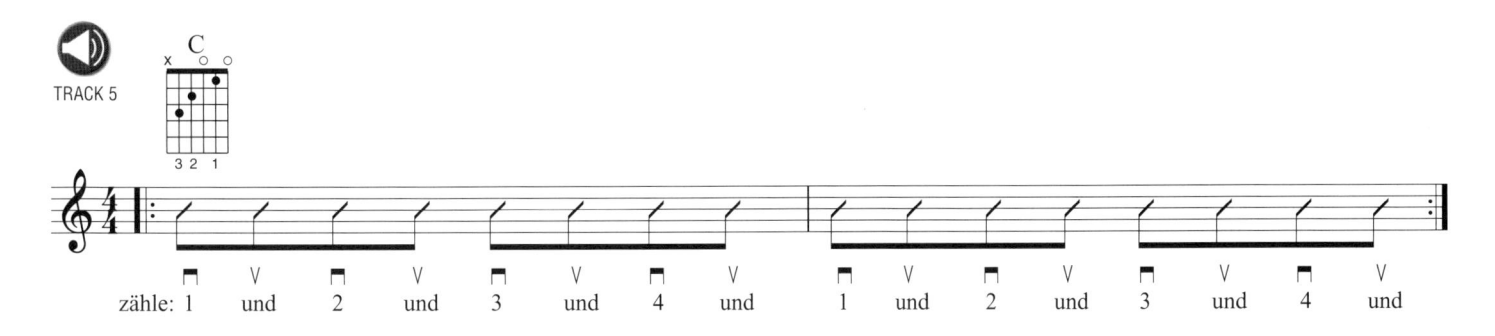

TRACK 5

zähle: 1 und 2 und 3 und 4 und   1 und 2 und 3 und 4 und

7

AKKORDWECHSEL

Fang ganz langsam an, wenn du den Wechsel zwischen zwei Akkorden lernen möchtest. In diesem Beispiel wechseln wir von C zu G, wobei das Schlagmuster gleichbleibt. Versuche *nicht*, auf C munter vor dich hin zu schrammeln, ein Päuschen zu machen und das Tempo auf G wieder aufzunehmen. Beginne lieber langsam und steigere das Tempo erst, wenn du die Akkorde wechseln kannst, ohne dabei einen Schlag auszulassen.

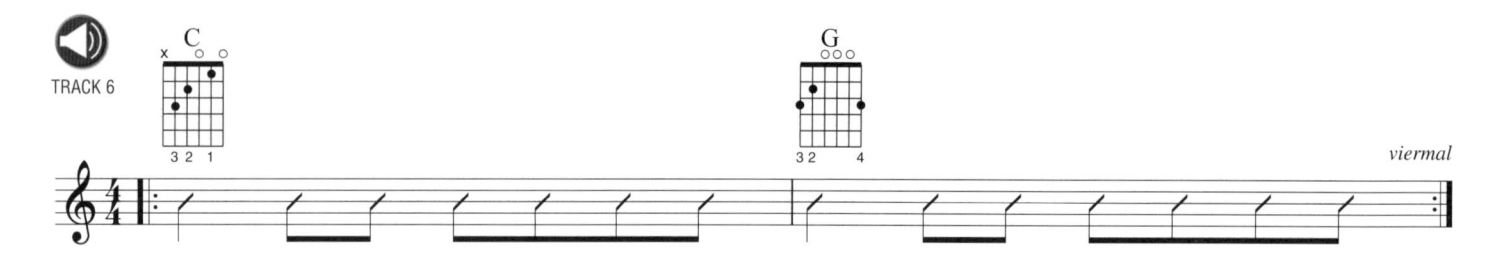

TRACK 6

viermal

Unser nächstes Beispiel umfasst vier Akkorde: C, Am, Dm und G7. Es illustriert einen wichtigen Aspekt, den man beim Akkordwechsel beachten sollte: *gemeinsame* Töne. Manche Akkordpaare haben einen oder mehr Töne gemeinsam. Gitarristen können sich das oft zunutze machen. Beachte, wie ähnlich sich C und Am sind. Nur der Ringfinger muss sich bewegen, und zwar von dem Ton C, den er auf der A-Saite greift (im 3. Bund) hinüber zum A auf der G-Saite (2. Bund). Zeige- und Mittelfinger können liegenbleiben. Akkordwechsel können so ganz flüssig gespielt werden. Selbst wenn nur ein Finger auf dem Griffbrett bleibt, läuft der Rhythmus gleich viel runder. Das Gleiche passiert beim Wechsel von Dm zu G7. Der Zeigefinger, der den Ton F auf der hohen E-Saite greift, kann liegenbleiben.

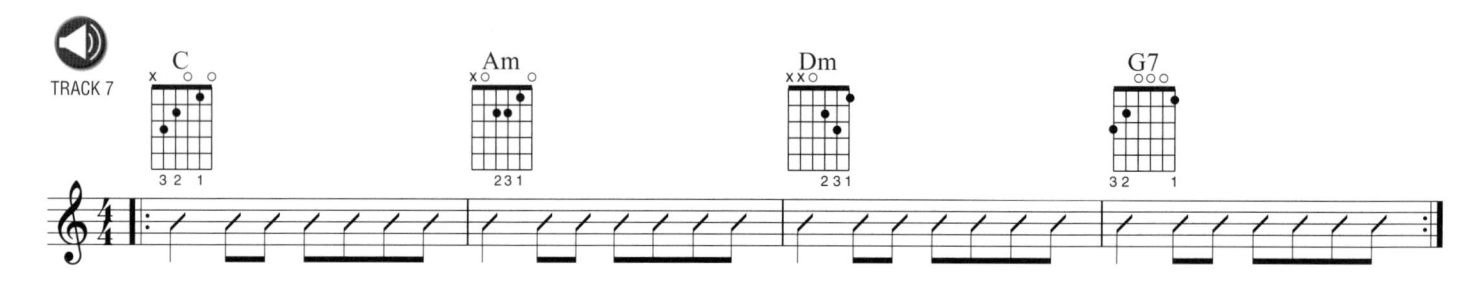

TRACK 7

Als Nächstes schauen wir uns eine unschätzbar wertvolle Wechseltechnik an: den *Leersaitenschlag*. Wenn es beim Akkordwechsel keinen Finger gibt, der an seinem Ort bleiben kann, dauert es normalerweise etwas länger, alle Finger anzuheben und neu zu platzieren. Um den Rhythmus nicht stocken zu lassen, kannst du einfach die obersten Saiten aufwärts anschlagen, während du wechselst. Wenn du bei den folgenden beiden Beispielen genau hinhörst, wirst du bemerken, dass auf der letzten Achtel jedes Takts die obersten paar Saiten leer erklingen. In den meisten mittleren bis schnellen Spieltempi fällt das kaum auf.

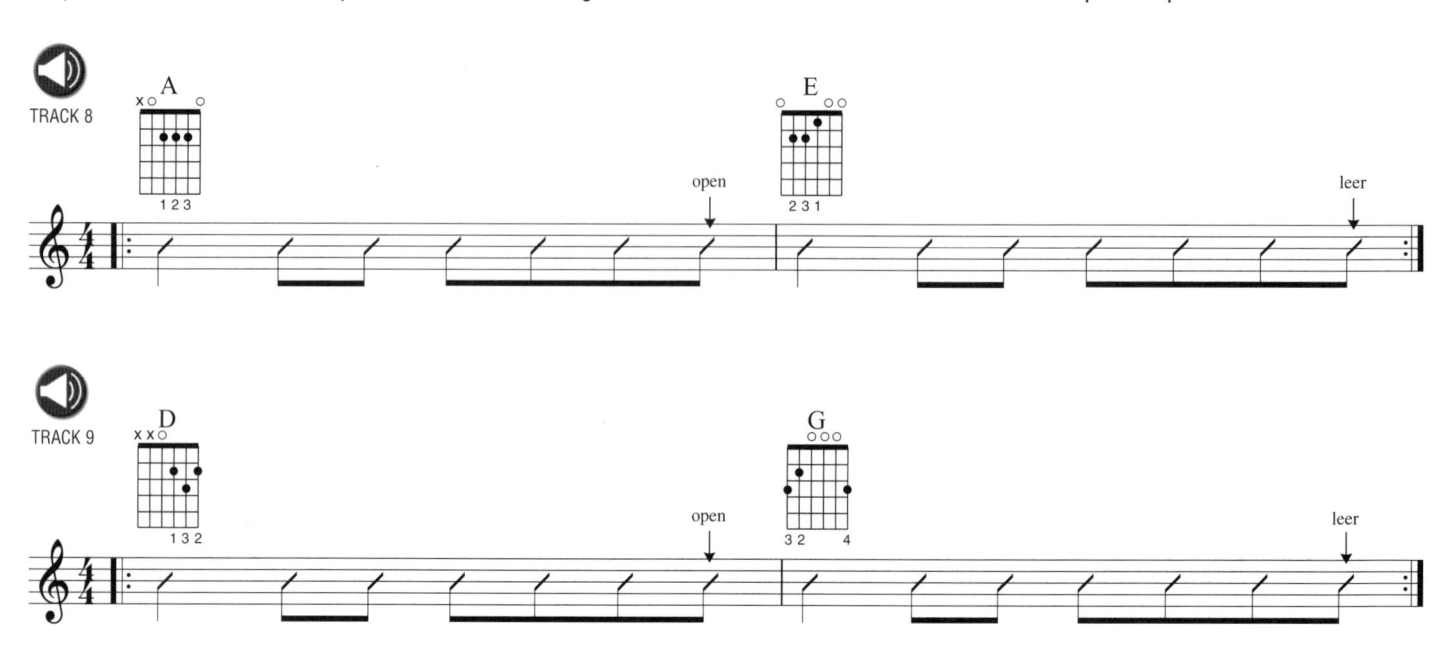

TRACK 8

open — leer

TRACK 9

open — leer

Die letzte Wechseltechnik, die wir betrachten, ist der *gedämpfte Anschlag*. Während ein Schlag über die Leersaiten meist bei offenen Akkorden angewendet wird, kommt ein gedämpfter Anschlag oft bei Barrégriffen infrage. (Wenn du mit Barrégriffen noch nicht vertraut bist, lernst du sie besser gleich, denn sie sind wichtig. Man legt dazu einen Finger im gleichen Bund über mehrere Saiten.) Im folgenden Beispiel kommen Barrégriffe „über E" vor, deren Grundton auf der tiefen E-Saite liegt. Während die Greifhand zum nächsten Akkord wandert, lässt sie kurz die Saiten los, wodurch beim Anschlag ein gedämpftes, perkussives Geräusch entsteht. Auch dieser Effekt fällt bei mittleren Tempi kaum auf. Wenn Barrégriffe für dich Neuland sind, erwarte nicht, dass du den Bogen im Nu raus hast. Es kann eine Zeit lang dauern, bis deine Finger kräftig genug geworden sind, um sie sauber zu spielen. Übrigens: Manche Gitarristen greifen am liebsten mit dem Daumen um den Hals herum, um die tiefe E-Saite zu erreichen. Dann erstreckt sich der Barrégriff nur über die höchsten beiden Saiten. Probiere einmal beide Varianten aus, dann merkst du, welche dir eher liegt.

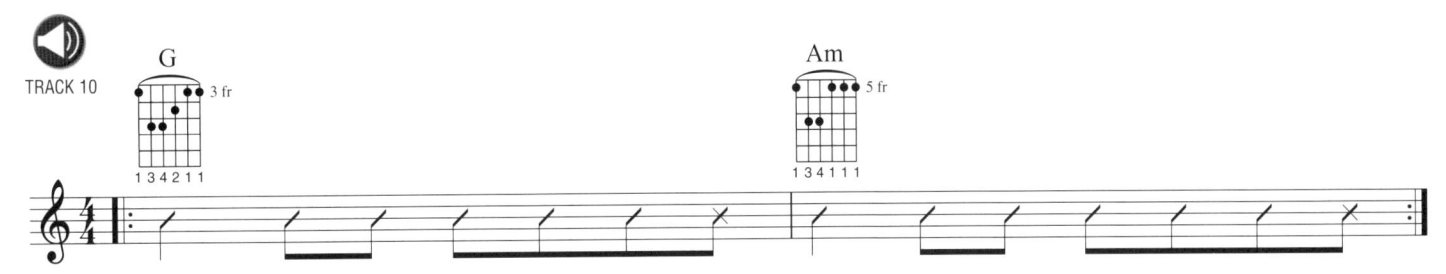

TRACK 10

Hier sehen wir die Griffformen „über A", mit dem Grundton auf der A-Saite. Beim Dur-Griff deckt der Ringfinger in der Regel D-, G- und B-Saite ab. Die hohe E-Saite wird mit dem gleichen Finger gedämpft, der sich dazu ein Stückchen abwärts biegt.

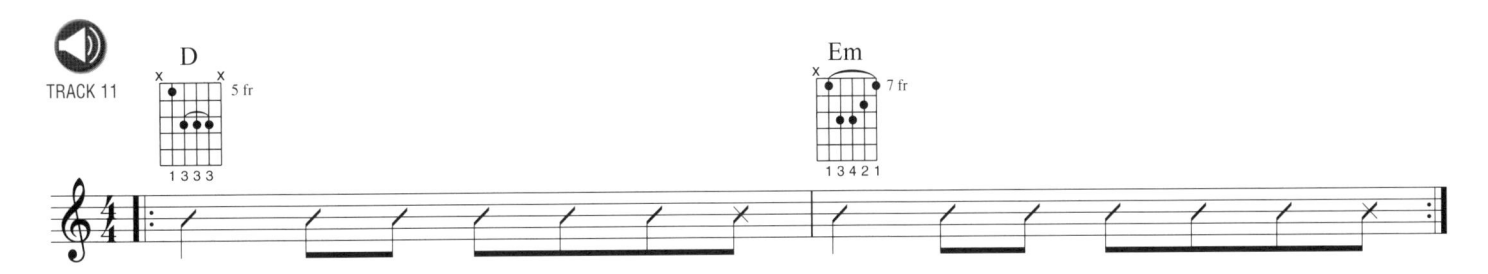

TRACK 11

SYNKOPEN

„Synkope" bedeutet, dass ein normalerweise unbetonter Schlag eine Betonung erhält. In vielen Schlagmustern spielen Synkopen eine bedeutende Rolle, daher ist es wichtig, sie zu beherrschen. Im folgenden Beispiel wird die „Zwei-und" betont. Beachte, dass in diesem Pattern durchgängig Abschläge auf die Grundschläge und Aufschläge auf den Offbeat fallen. Um das beizubehalten, muss auf der „Drei" ein *ghost stroke* gespielt werden. Das heißt, dass deine rechte Hand die jetzt „fällige" Abschlagbewegung durchführt, ohne dass das Plektrum dabei die Saiten trifft. Sollte dir das befremdlich vorkommen, dann führe dir vor Augen, dass du bereits aufwärts gerichtete *ghost strokes* gespielt hast, es ist dir nur nicht aufgefallen. So hast du etwa im ersten Beispiel des Kapitels einen Viertel-Rhythmus ganz in Abschlägen gespielt. Um das zu tun, musstest du das Plektrum zwischen den vier Grundschlägen (jeweils auf „und" – also auf dem Offbeat) wieder aufwärts führen, ohne dabei die Saiten anzuschlagen. Hier haben wir eigentlich nur den umgekehrten Fall: Du führst das Plektrum abwärts, ohne die Saiten anzuschlagen.

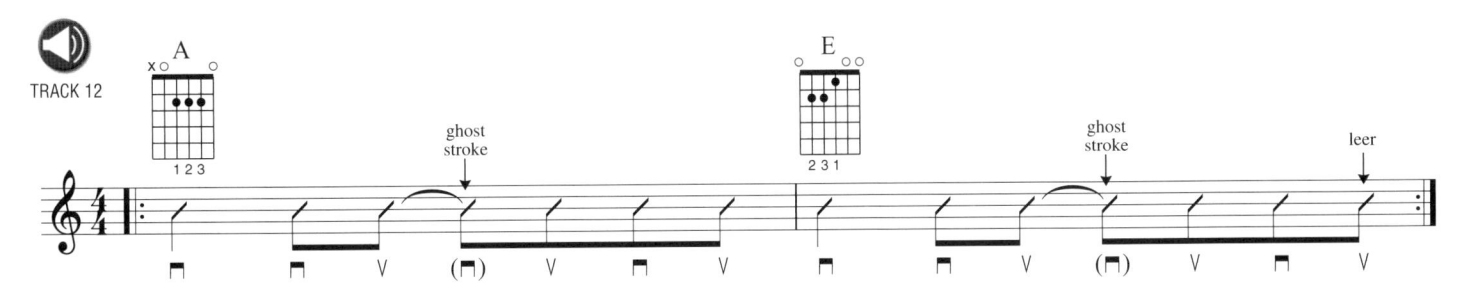

TRACK 12

Jetzt liegt die Betonung auf „Vier und". Auch dieser verbreitete synkopierte Rhythmus wird dir mit Sicherheit irgendwann begegnen.

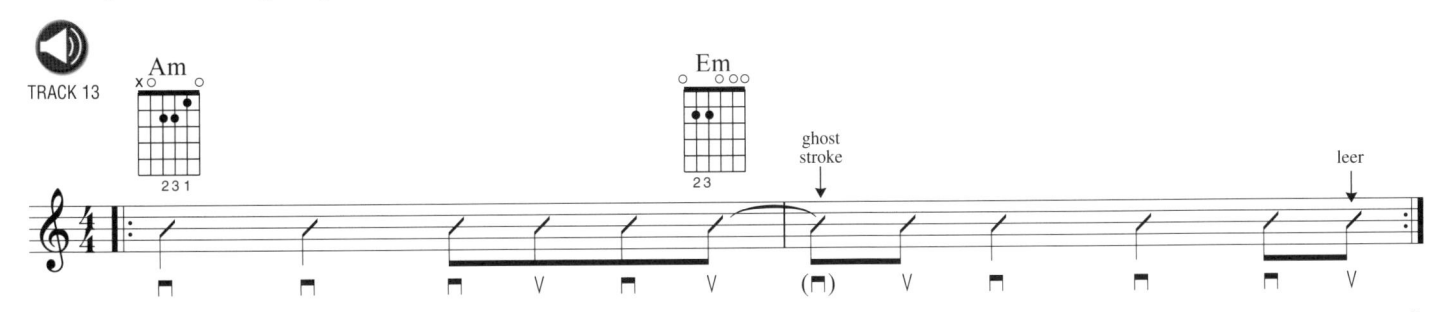

TRACK 13

Sehen wir uns nun ein paar klassische geschlagene Riffs an, in denen all die Bausteine vorkommen, die wir uns bis jetzt angeschaut haben.

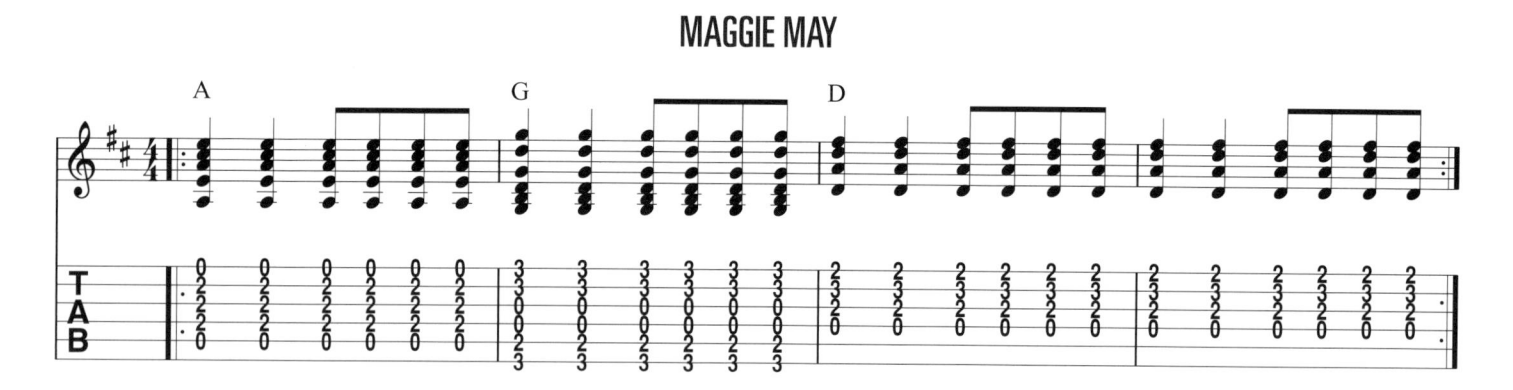

MAGGIE MAY

Words and Music by Rod Stewart and Martin Quittenton
Copyright © 1971 by Unichappell Music Inc., Rod Stewart and EMI Full Keel Music
Copyright Renewed 1999
All Rights for Rod Stewart Controlled and Administered by EMI Blackwood Music Inc.
International Copyright Secured   All Rights Reserved

TRACK 14

BAND ON THE RUN

Words and Music by Paul and Linda McCartney
© 1974 (Renewed) PAUL and LINDA McCARTNEY
Administered by MPL COMMUNICATIONS, INC.
All Rights Reserved

SHOW ME THE WAY

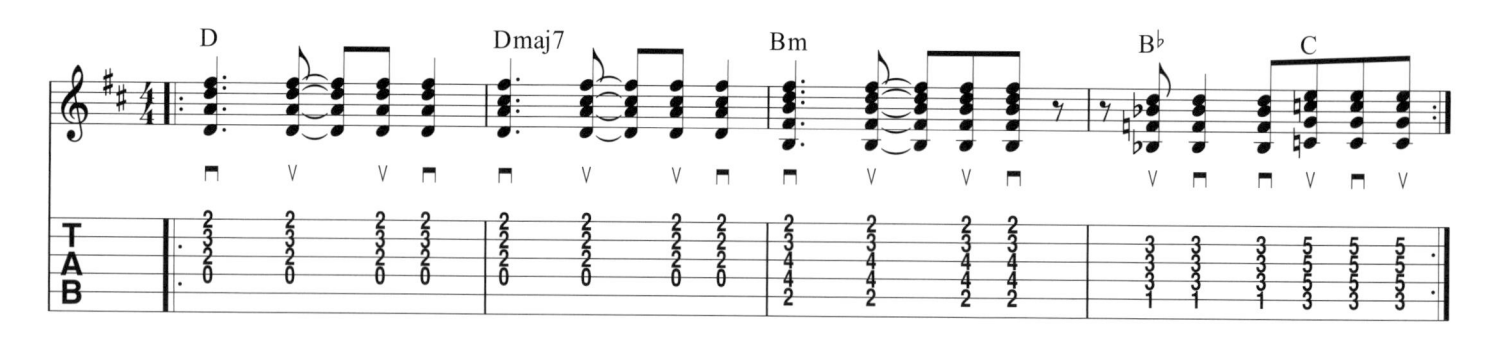

Words and Music by Peter Frampton
Copyright © 1975 ALMO MUSIC CORP. and NUAGES ARTISTS MUSIC LTD.
Copyright Renewed
All Rights Administered by ALMO MUSIC CORP.
All Rights Reserved   Used by Permission

LEAVING ON A JET PLANE

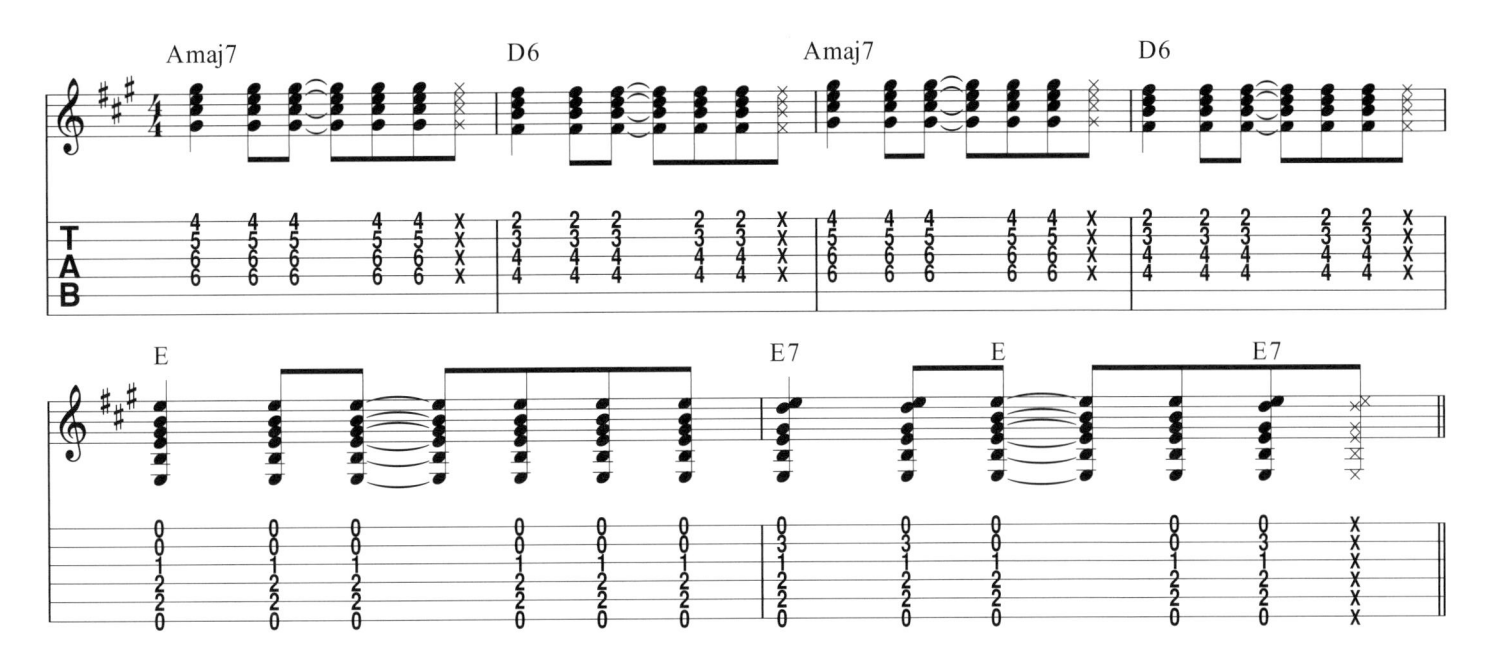

Words and Music by John Denver
Copyright © 1967 Cherry Lane Music Publishing Company, Inc. (ASCAP) and DreamWorks Songs (ASCAP)
Rights for DreamWorks Songs Administered by Cherry Lane Music Publishing Company, Inc.
International Copyright Secured   All Rights Reserved

SECHZEHNTELNOTEN

Bis jetzt waren alle unsere Beispiele Achtel-Schlagmuster. Wie aber ist es mit Patterns, die auf Sechzehnteln aufbauen? Wo liegen hier die Ab- und Aufschläge? Vielleicht hilft dir ja die Vorstellung, dass dabei ein Achtel-Pattern einfach doppelt so schnell gespielt wird. Anders gesagt: Alle Achtelnoten werden als Abschläge gespielt, während die Sechzehntel dazwischen als Aufschläge umgesetzt werden. Probier mal das folgende Beispiel aus und achte genau auf die Angaben der Schlagrichtung. Vielleicht wird es einfacher, wenn du mitzählst.

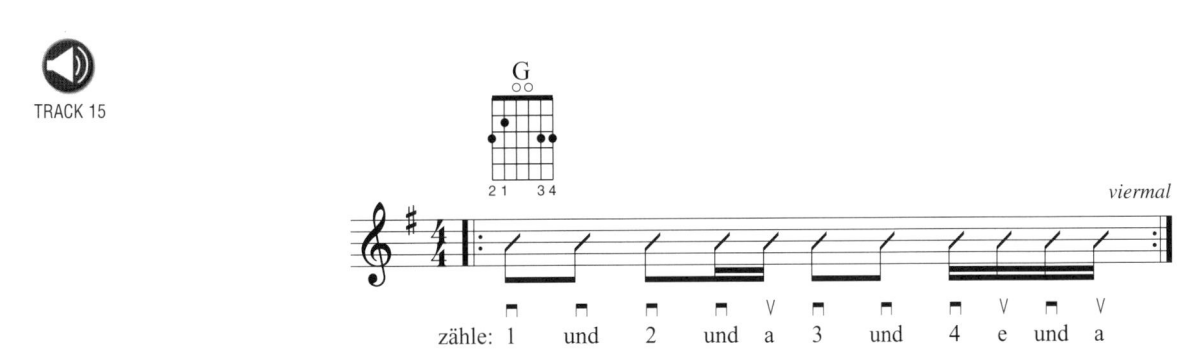

TRACK 15

Genau wie Achtel- können auch Sechzehntelnoten synkopiert werden, wie dieses Beispiel demonstriert. Denk daran, dass sich die rechte Hand immer gleichmäßig auf und ab bewegt und an den Saiten vorbeischlägt, wenn eine Synkope entstehen soll.

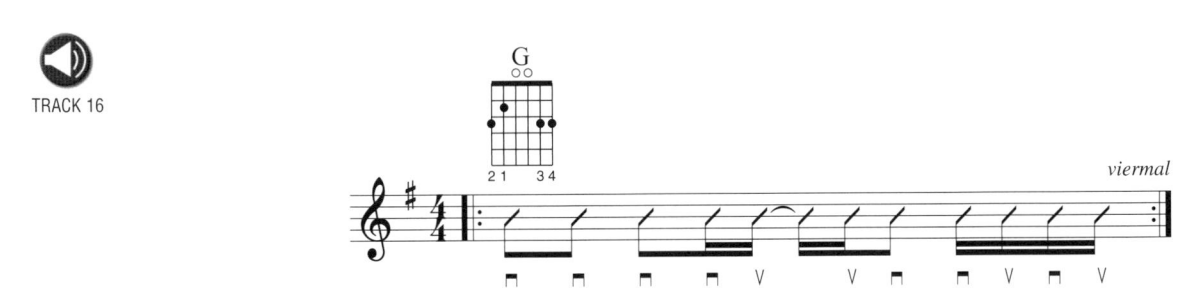

TRACK 16

Schauen wir uns jetzt ein paar Songs an, in denen Sechzehntel-Schlagmuster vorkommen.

BEHIND BLUE EYES

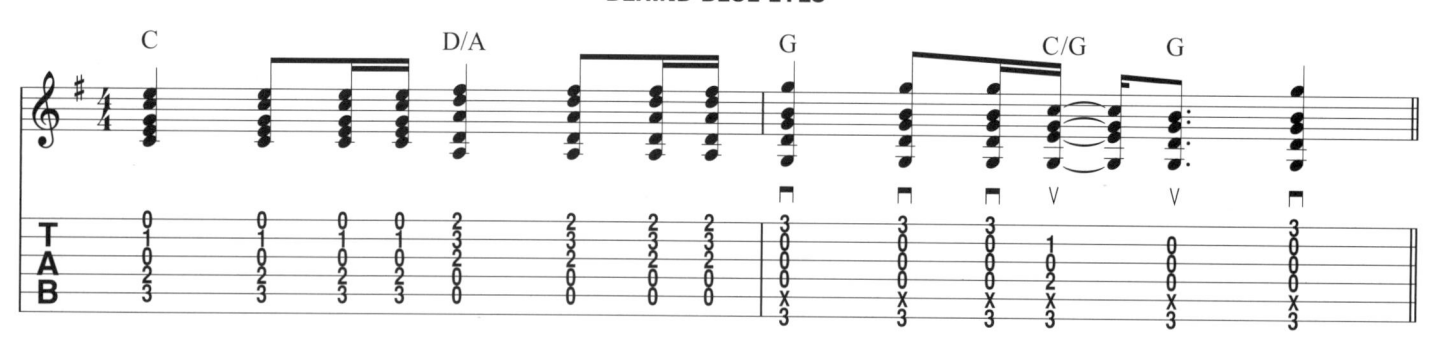

Words and Music by Pete Townshend
Copyright © 1971 by Towser Tunes, Inc., ABKCO Music and Fabulous Music Ltd.
Copyright Renewed
All Rights for Towser Tunes, Inc. Administered by BMG Music Publishing International
All Rights for BMG Music Publishing International in the U.S. Administered by Careers-BMG Music Publishing, Inc.
International Copyright Secured   All Rights Reserved

CRAZY ON YOU

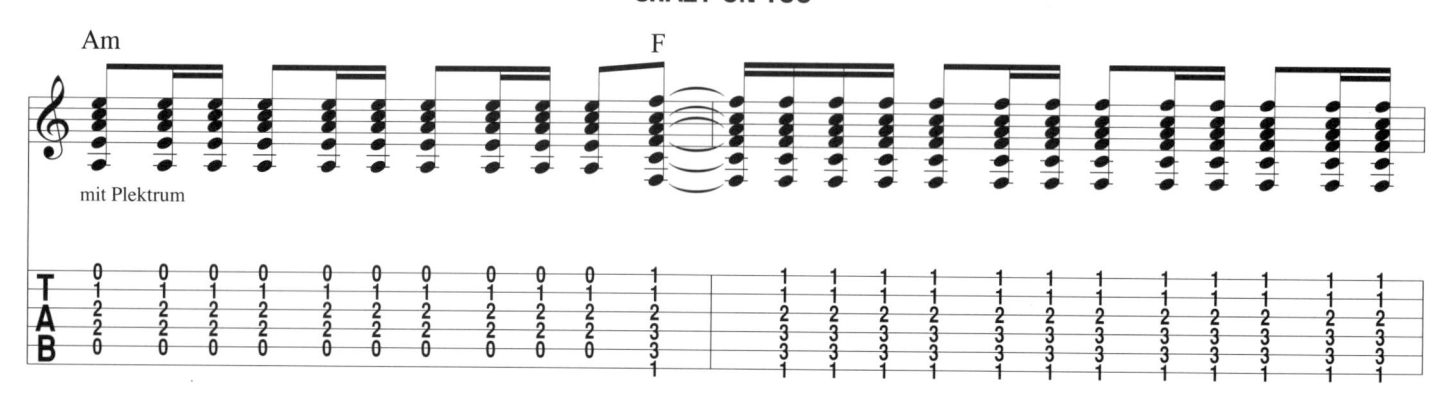

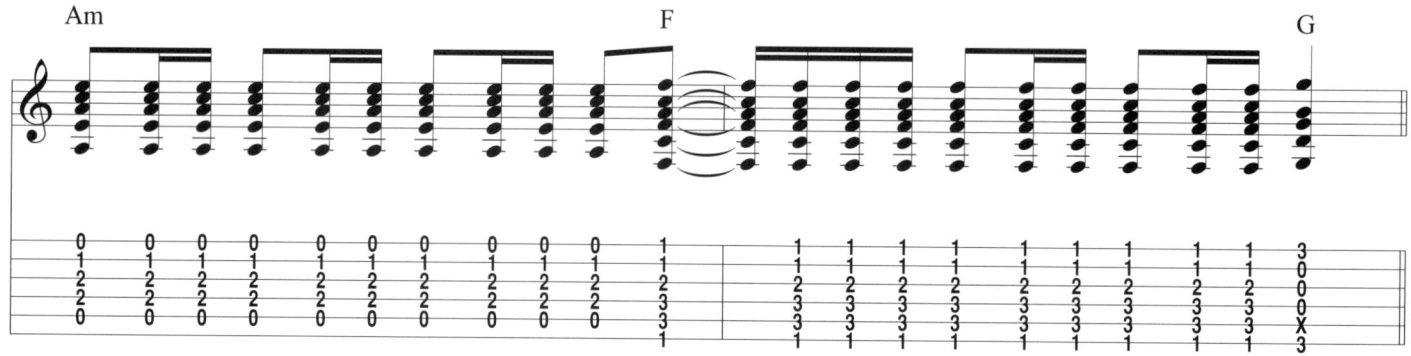

mit Plektrum

Words and Music by Ann Wilson, Nancy Wilson and Roger Fisher
Copyright © 1976 Sony/ATV Tunes LLC
All Rights Administered by Sony/ATV Music Publishing, 8 Music Square West, Nashville, TN 37203
International Copyright Secured   All Rights Reserved

SPACE ODDITY

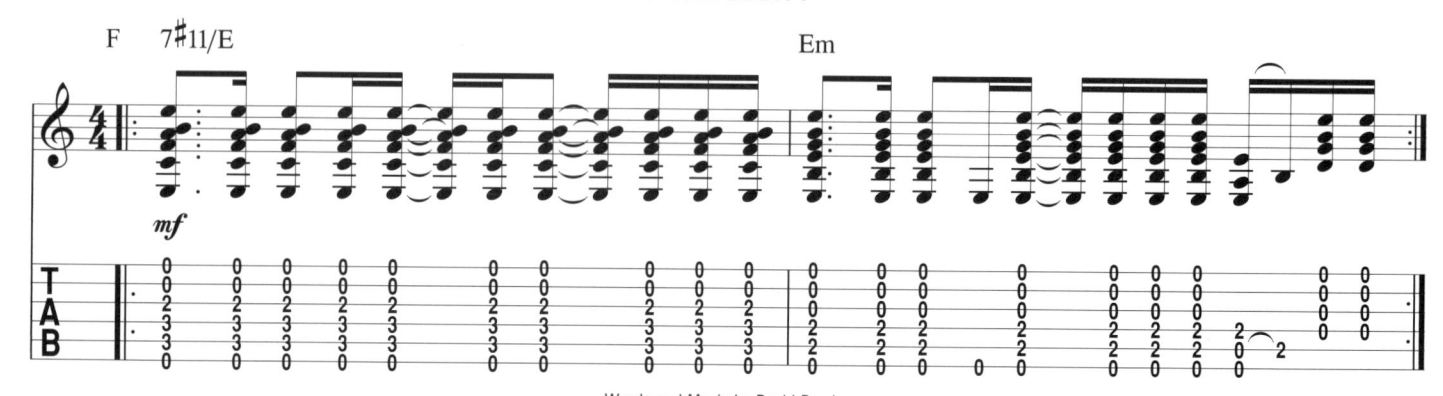

Words and Music by David Bowie
© Copyright 1969 (Renewed) Onward Music Ltd., London, England
TRO - Essex Music International, Inc., New York, controls all publication rights for the U.S.A. and Canada
International Copyright Secured
All Rights Reserved Including Public Performance For Profit
Used by Permission

JAM SESSION

Jetzt wird es Zeit, alles, was du gelernt hast, beim Jammen über einen kompletten Song einzusetzen. Duncan Sheik hatte 1996 mit seinem temporeichen Song „Barely Breathing" in den USA einen Riesenhit. Dieser Song hat von allem etwas: synkopierte Rhythmen, abgedämpfte Anschläge und Akkordpaare mit gemeinsamen Tönen und entsprechendem Fingersatz. Achte mal darauf, wie das Schlagmuster leicht verändert wird, um die einzelnen Parts voneinander abzugrenzen. Am besten übst du die einzelnen Parts zunächst getrennt (Strophe, Refrain usw.) bevor du versuchst den Song zusammenzubauen.

Hier noch ein paar Punkte, die zu beachten sind: Außer bei A7 kann dein Ringfinger während der gesamten Intro/Strophen-Akkordfolge auf dem Ton D liegenbleiben. Für A7 schiebst du ihn einfach einen Bund nach unten zum C#. Darüber hinaus ist Fmaj9/C – im Refrain gleich nach Am – der einzige Akkord des gesamten Songs, der nicht offen gespielt wird. Der Wechsel dorthin gelingt dir am flüssigsten, wenn du dir klarmachst, dass Zeige-, Mittel- und Ringfinger bei beiden Akkorden gleich angeordnet sind. Sie greifen bei Fmaj9/C nur die jeweils nächst-tiefere Saite.

TRACK 17

BARELY BREATHING

Intro
Mittelschnell ♩ = 94

Em7 | A7 | Cadd9 | Dsus2/F#

gleiches Pattern

Strophe

Dsus2/F# | Em7

1. I know what you're do-ing. I see it all too clear.

A7 | Cadd9 | Dsus2/F#

gleiches Pattern

I on-ly taste the sa-line when I kiss a-way your tears. You real-ly had me go-

Em7 | A7 | Cadd9

-ing, wish-ing on a star. But the black holes that sur-round you are heav-i-er by far.

Strophe

Dsus2/F# | Em7 | A7

2. I be-lieved in your con-fu-sion, you were so com-plete-ly torn. (Well) it must have been that yes-
-ing, "What's it all a-bout?" I used to be so cer-

Words and Music by Duncan Sheik
Copyright © 1996 by Careers-BMG Music Publishing, Inc., Duncan Sheik Songs and Happ-Dog Music
All Rights Administered by Careers-BMG Music Publishing, Inc.
International Copyright Secured   All Rights Reserved

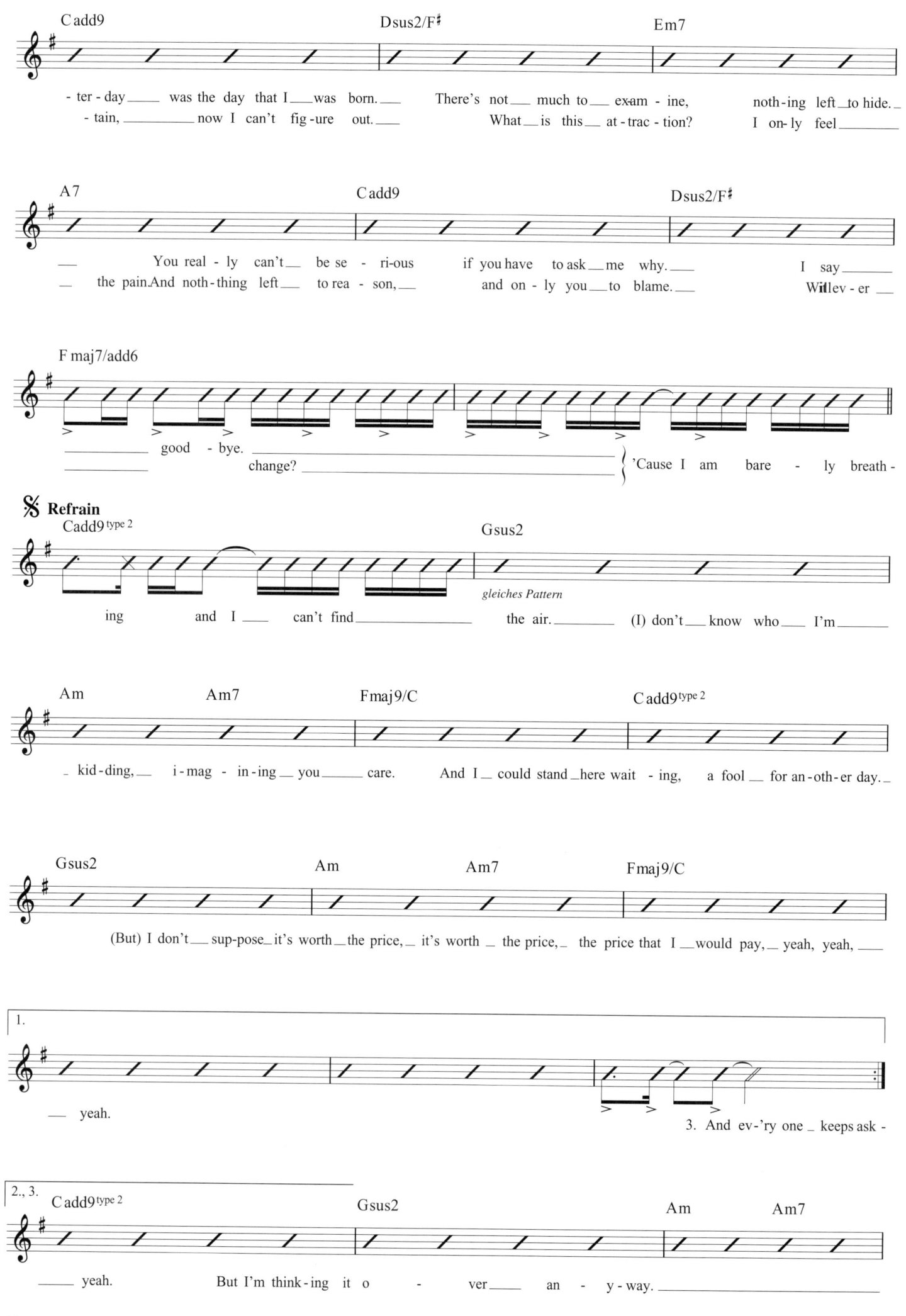

Cadd9 — -ter-day___ was the day that I___was born.___
-tain,_____ now I can't fig-ure out.___

Dsus2/F# — There's not___ much to___ ex-am-ine,
What___ is this___ at-trac-tion?

Em7 — noth-ing left___to hide.___
I on-ly feel

A7 — ___ You real-ly can't___ be se-ri-ous
___ the pain. And noth-thing left___ to rea-son,___

Cadd9 — if you have to ask___me why.___
and on-ly you___to blame.___

Dsus2/F# — I say_____
Wh(at)ev-er

Fmaj7/add6 — ___ good-bye.___
_____ change?

'Cause I am bare-ly breath-

𝄋 Refrain

Cadd9 type 2 — ing and I___ can't find_____

Gsus2 — the air._____ (I) don't___ know who___ I'm___
gleiches Pattern

Am — ___ kid-ding,___
Am7 — i-mag-in-ing___ you___ care.
Fmaj9/C — And I___ could stand___here wait-ing,
Cadd9 type 2 — a fool___ for an-oth-er day.___

Gsus2 — (But) I don't___ sup-pose___it's worth___the price,_
Am — it's worth___ the price,___
Am7 — the price that I___would pay,___ yeah, yeah,___
Fmaj9/C —

1.
___ yeah. 3. And ev-'ry one___ keeps ask-

2., 3. Cadd9 type 2 — ___ yeah.
Gsus2 — But I'm think-ing it o - ver___
Am — an-y-way.___
Am7

| Fmaj9/C | Cadd9 type 2 | Gsus2 |

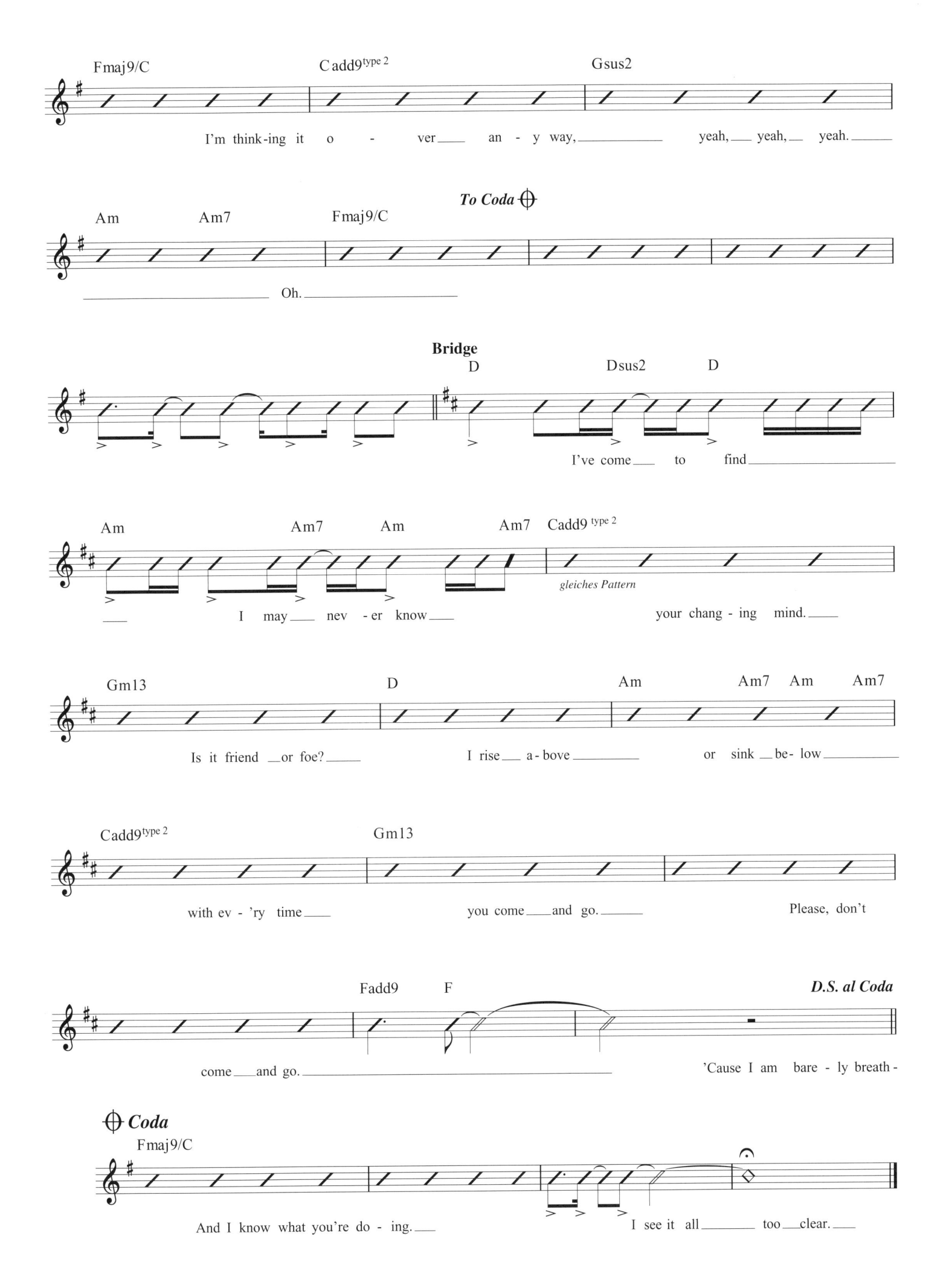

I'm think-ing it o - ver__ an - y way,__ yeah,__ yeah,__ yeah.__

| Am   Am7 | Fmaj9/C | *To Coda* ⊕ | |

__ Oh.__

Bridge
| | D   Dsus2   D |

I've come__ to find__

| Am   Am7   Am   Am7 | Cadd9 type 2 |

gleiches Pattern

__ I may__ nev - er know__ your chang - ing mind.__

| Gm13 | D | Am   Am7   Am   Am7 |

Is it friend __or foe?__ I rise__ a - bove__ or sink __be - low__

| Cadd9 type 2 | Gm13 | |

with ev - 'ry time__ you come__ and go.__ Please, don't

| | Fadd9   F | | ***D.S. al Coda*** |

come__ and go.__ 'Cause I am bare - ly breath -

⊕ ***Coda***
| Fmaj9/C | | |

And I know what you're do - ing. I see it all__ too__ clear.__

KAPITEL 2: ZUPFEN

Da wir nun schon einen ganz guten Zugang zu Schlagmustern gefunden haben, legen wir doch mal das Plektrum eine Zeit lang beiseite und arbeiten mit den bloßen Händen. Das Zupfen (oder „Fingerpicking") wird zwar vor allem mit Folk und Rockabilly in Verbindung gebracht, doch in diesem Kapitel lernen wir, wie man es auch in vielen anderen Stilen anwenden kann.

Wenn sich Junggitarristen gerade mit dem Plektrum angefreundet haben, drücken sie sich häufig vor dem Zupfenlernen, denn es kann einem so vorkommen, als finge man wieder bei Adam und Eva an. Das ist nicht ganz von der Hand zu weisen, weil es auf gewisse Art wirklich wie ein Neuanfang ist. Aber immerhin muss nur eine Hand etwas Neues lernen. Außerdem benutzen viele Gitarristen beim Zupfen gerne einen Daumenpick. Doch ganz gleich, ob du das versuchen möchtest oder nicht (beim schnellen Wechsel zwischen Zupfen und Schlagen können sie ziemlich praktisch sein), auf die Übungen in diesem Kapitel hat das keinen Einfluss.

TRAVIS PICKING

Die vielleicht verbreitetste Zupftechnik ist das *Travis Picking*. Bei dieser von der Country-Legende Merle Travis populär gemachten Technik wechseln zwei vom Daumen angeschlagene Basstöne einander ab, während die übrigen Finger in den oberen Lagen sozusagen die Lücken füllen.

Dieses erste Beispiel, mit dem du ein grundlegendes Gefühl für die Technik entwickeln kannst, verdeutlicht das Basis-Pattern. Beachte auch die Fingersatzangaben für die rechte Hand (RH): T = Daumen (von engl.: *thumb*), 1 = Zeigefinger, 2 = Mittelfinger usw.

TRACK 18

Jetzt wechseln wir zwischen den Akkorden C und G. Beachte den Unterschied bei der Bewegung des Daumens: Bei G-Dur wechseln wir zwischen tiefer E- und D-Saite hin und her. Wichtig ist, dass die „Zwei-und" in Travis-Zupfmustern oft eine kleine Betonung bekommt – eine leichte Synkope, die zu einem gewissen Drive beiträgt. Beachte auch, dass die A-Saite im G-Dur-Takt nicht gespielt wird, was den praktischen Nutzen hat, dass du sie nicht greifen musst. Es ist natürlich nichts dagegen einzuwenden, diese Saite trotzdem zu greifen – wenn dir das angenehmer ist.

TRACK 19

Wenn du die Grundlagen nun drauf hast, schauen wir uns doch mal ein paar typische Variationen an. In Beispiel A schlagen wir einfach die beiden ersten Töne gleichzeitig an – als Viertelnote, anstelle von zwei Achteln. In Beispiel B hat der Daumen der rechten Hand besonders viel zu schaffen, weil er bei jedem zweiten Durchgang, statt den Grundton zu spielen, runter zur Quinte muss. Bei Beispiel C wird der erste obere Ton komplett weggelassen. Über die gesamte Eins erklingt nur der Basston. Beispiel D baut auf C auf und macht das Pattern durch Einsatz des Ringfingers interessant. Beispiel E führt eine Aufwärtsbewegung in der rechten Hand ein, eine weitere Möglichkeit, die höheren Saiten ins Spiel zu bringen. Beispiel F baut darauf auf und ergänzt mit einer Synkope.

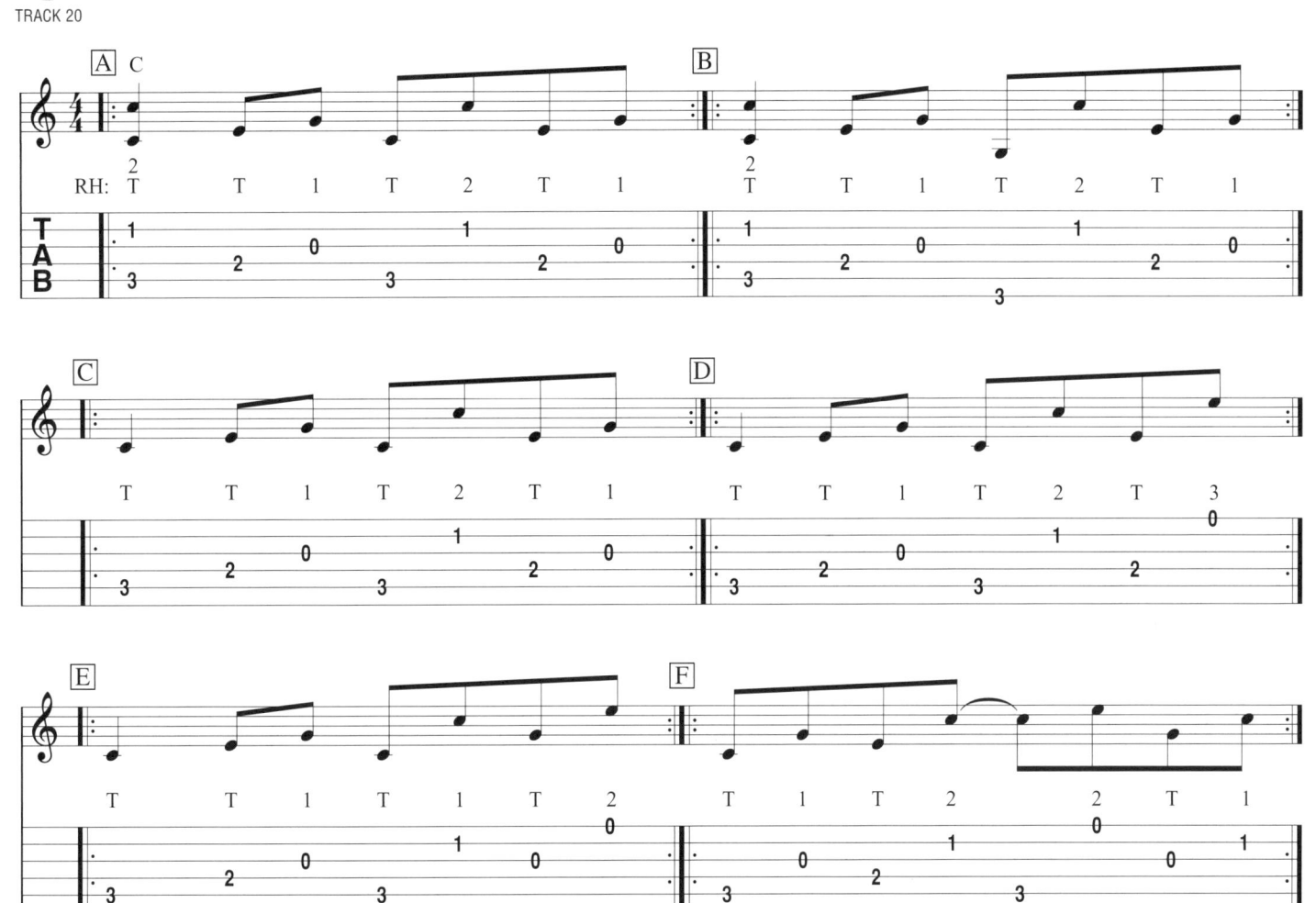

TRACK 20

Beachte, dass solche Variationen beim tatsächlichen Spielen oft frei kombiniert werden. Schauen wir uns ein paar klassische Beispiele mit *Travis Picking* an.

TRACK 21

YOU WERE MEANT FOR ME

klingen lassen
zupfen

*leichtes Vibrato

Words and Music by Jewel Kilcher and Steve Poltz
Copyright © 1995 WB Music Corp., Wiggly Tooth Music, Third Story Music, Inc., Robert Duffy Music and Polio Boy
All Rights for Wiggly Tooth Music Administered by WB Music Corp.
All Rights Reserved   Used by Permission

TAKE ME HOME, COUNTRY ROADS

Words and Music by John Denver, Bill Danoff and Taffy Nivert
Copyright ©1971; Renewed 1999 Cherry Lane Music Publishing Company, Inc. (ASCAP), DreamWorks Songs (ASCAP),
Anna Kate Deutschendorf, Zachary Deutschendorf and Jesse Belle Denver for the U.S.A.
All Rights for DreamWorks Songs, Anna Kate Deutschendorf and Zachary Deutschendorf Administered by Cherry Lane Music Publishing Company, Inc. (ASCAP)
All Rights for Jesse Belle Denver Administered by WB Music Corp. (ASCAP)
International Copyright Secured   All Rights Reserved

GEBROCHENE AKKORDE

In einer weiteren typischen Fingerstyle-Technik, die vor allem in Balladen vorkommt, werden die Akkorde auf fließende Art gebrochen oder „arpeggiert". Dabei schlägt oft der Daumen einen Baston auf dem ersten Grundschlag an, gefolgt von Zeige-, Mittel- und Ringfinger, die den Akkord vervollständigen. Sehen wir uns dazu ein paar grundlegende Beispiele an.

Das erste besteht ganz einfach aus aufsteigend gebrochenen C- und G-Akkorden. Beachte, dass der Daumen der rechten Hand zwar unterschiedliche Saiten spielt, die drei übrigen Finger aber immer an den gleichen drei Saiten bleiben. Worauf man bei einem solchen Riff immer achten muss, sind die flüssigen Übergänge zwischen den Akkorden. In diesem Beispiel hilft es, das hohe C (auf der B-Saite) solange zu halten, bis das tiefe G auf der Drei angeschlagen wird. So entstehen keine unerwünschten Pausen.

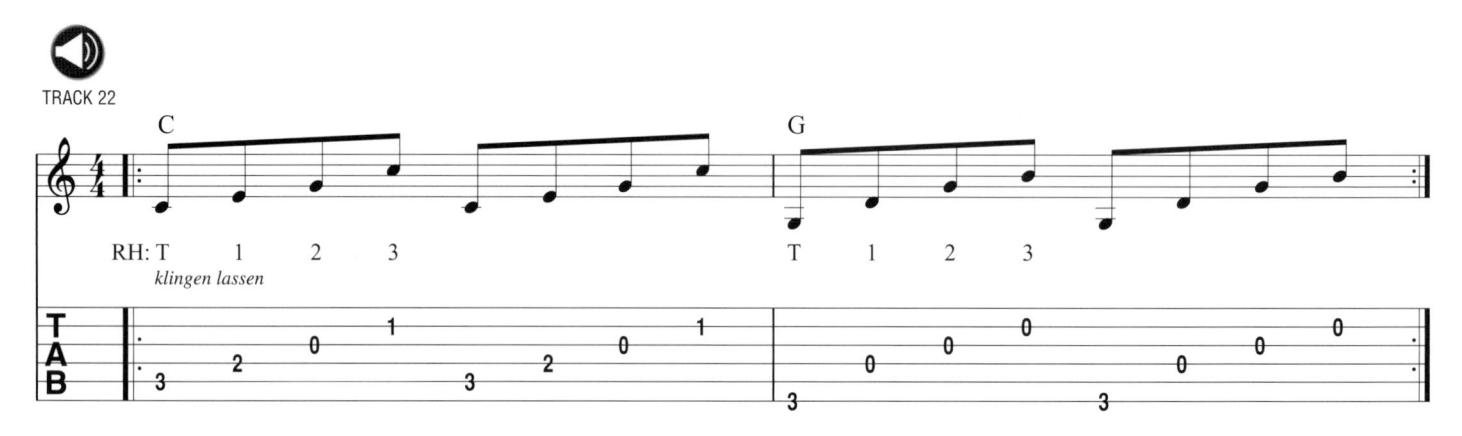

TRACK 22

Als Nächstes widmen wir uns einer Methode, die Akkordwechsel noch flüssiger klingen lässt. Hier haben wir die Akkordumkehrungen so gewählt, dass ein gemeinsamer Ton (das hohe G) liegenbleiben kann, was für einen vollen, singenden Klang sorgt. Wenn man eine neue Akkordfolge ausarbeitet, kann man häufig solche gemeinsamen Töne in aufeinanderfolgenden Akkorden entdecken. Es lohnt, sich das anzugewöhnen, denn es kann den Unterschied zwischen einem mittelprächtigen Gitarrenpart und einem, der so richtig abhebt, ausmachen.

TRACK 23

klingen lassen

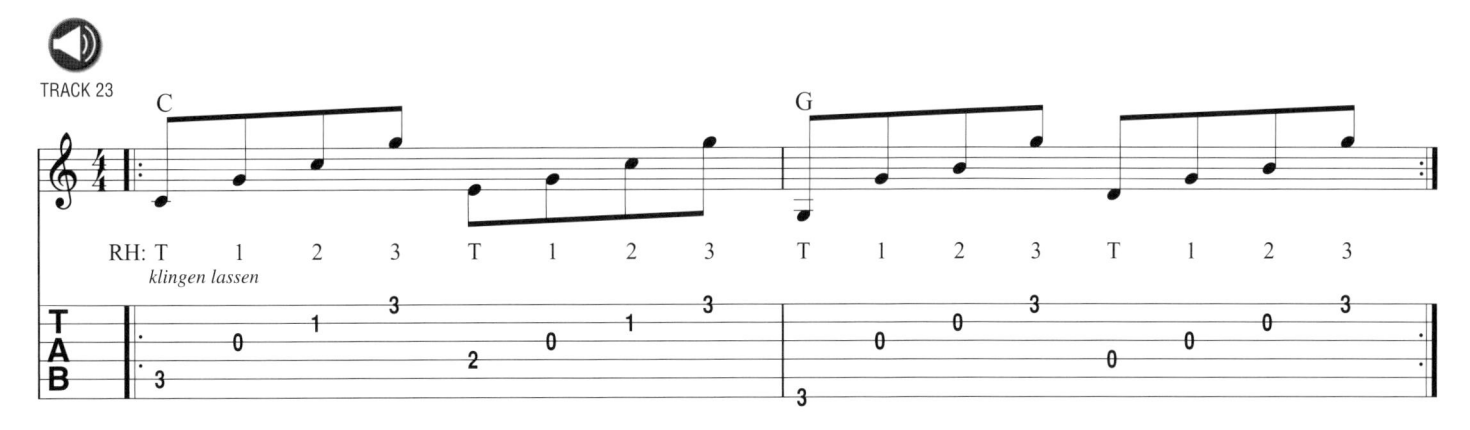

Jetzt folgt ein typisches Zupfmuster im Dreivierteltakt über eine I-vi-V-Kadenz in C-Dur. Wie du siehst, gibt es wieder einen gemeinsamen Ton (offene E-Saite). Noch ein Tipp zum Fingersatz: Statt a-Moll wie üblich zu greifen (mit Zeige-, Mittel- und Ringfinger), versuch es mal nur mit den ersten beiden, und zwar auf den Tönen A und C. Da nämlich die D-Saite gar nicht gespielt wird, musst du sie auch nicht greifen. So wird dein Ringfinger frei, und kann das tiefe G am Anfang von Takt 3 übernehmen.

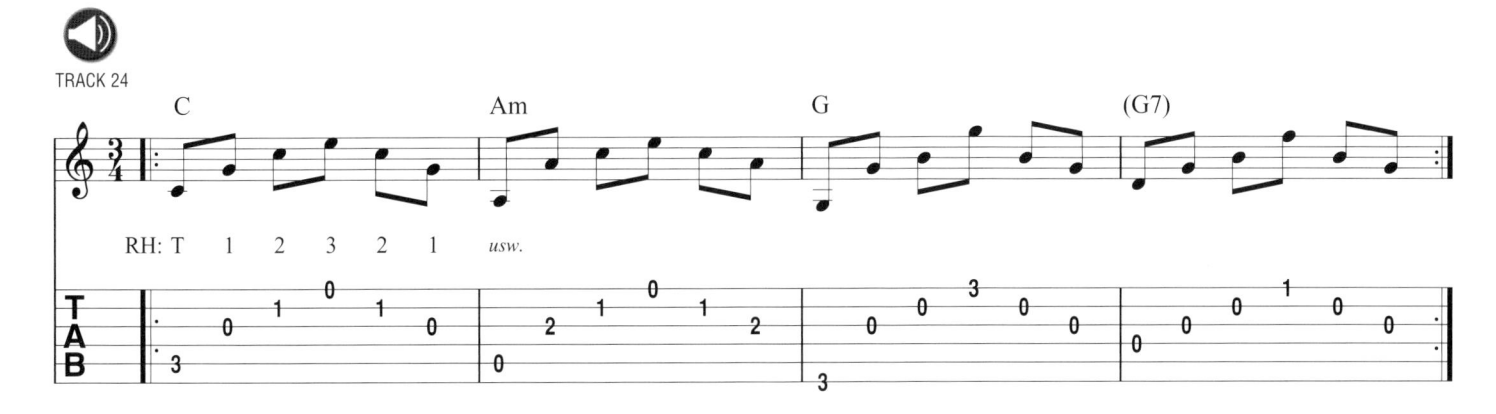

TRACK 24

Wie unsere nächsten beiden Beispiele zeigen, lassen sich auch gebrochene mit gleichzeitig erklingenden Akkorden kombinieren. So kann man der Gefahr der Monotonie begegnen und dem Zuhörer etwas Interessantes bieten.

TRACK 25

TRACK 26

19

Schauen wir uns ein paar Songs an, in denen gebrochene Akkorde vorkommen.

TIME IN A BOTTLE

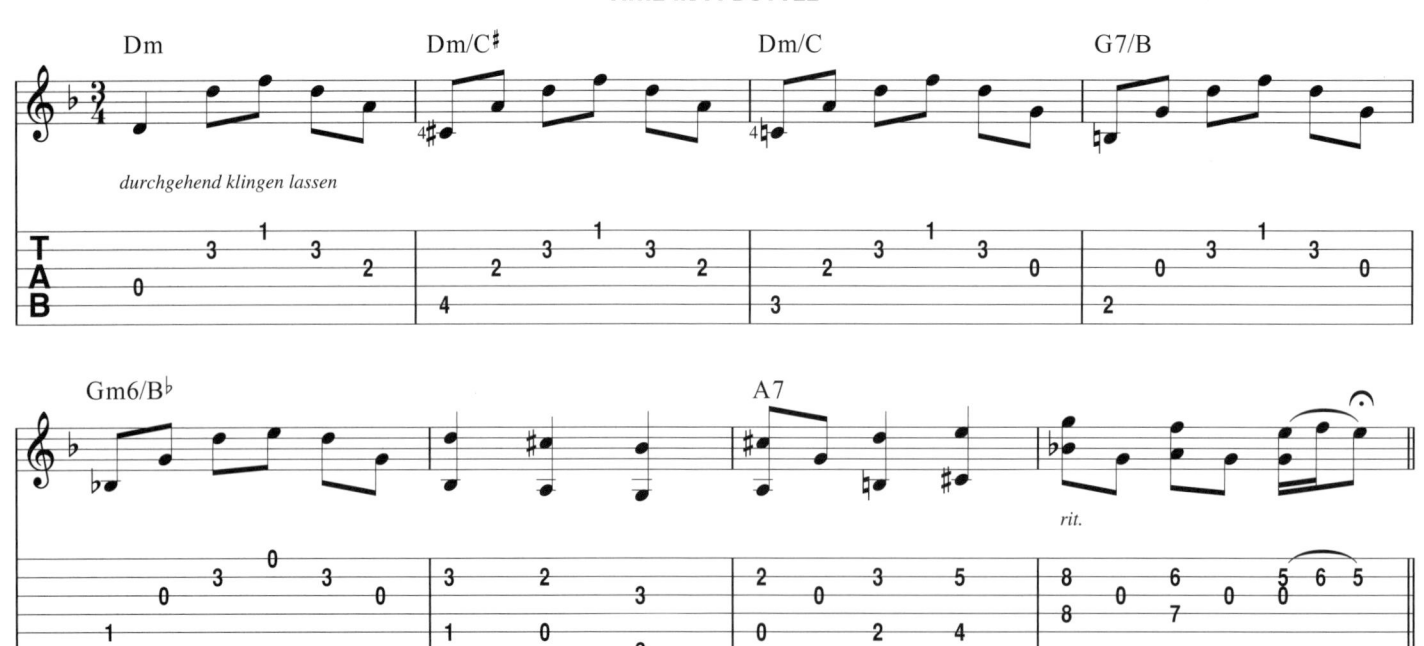

durchgehend klingen lassen

Words and Music by Jim Croce
Copyright © 1971 (Renewed) Time In A Bottle and Croce Publishing (ASCAP)
All Rights Reserved   Used by Permission

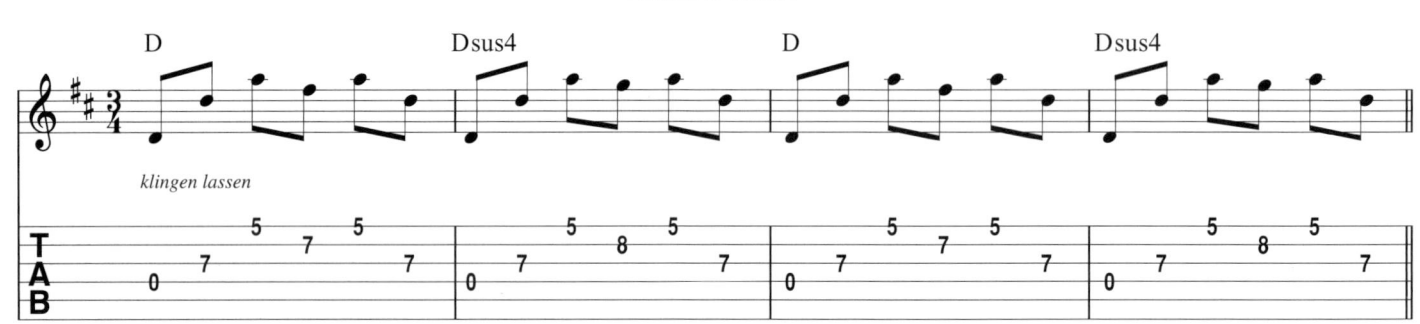

ANNIE'S SONG

klingen lassen

Words and Music by John Denver
Copyright © 1974 Cherry Lane Music Publishing Company, Inc. (ASCAP) and DreamWorks Songs (ASCAP)
Worldwide Rights for DreamWorks Songs Administered by Cherry Lane Music Publishing Company, Inc.
International Copyright Secured   All Rights Reserved

STRONG ENOUGH

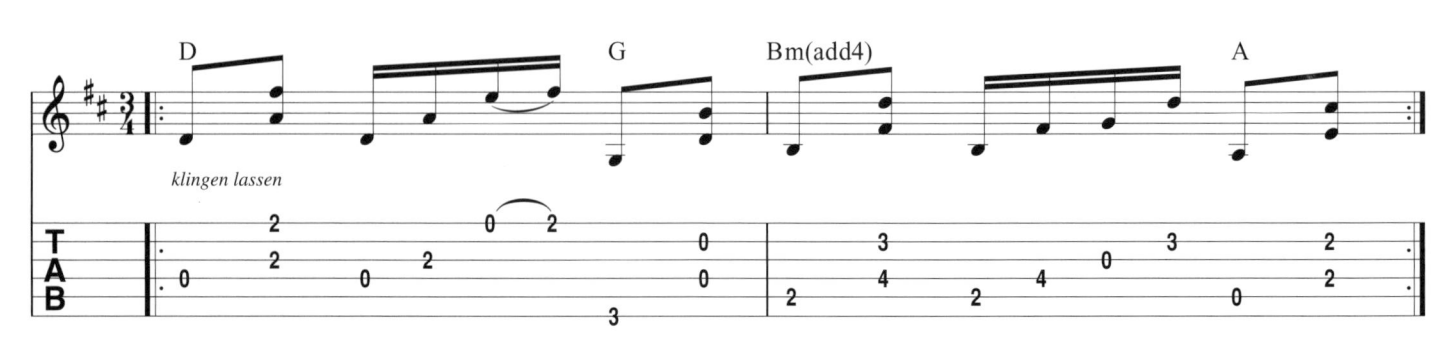

klingen lassen

Words and Music by Kevin Gilbert, David Baerwald, Sheryl Crow, Brian McLeod, Bill Bottrell and David Ricketts
Copyright © 1993, 1994 Sony/ATV Tunes LLC, Almo Music Corp., Warner-Tamerlane Publishing Corp.,
Old Crow Music, Third Stone From The Sun Music, Weenie Stand Music, Ignorant Music and 48/11 Music
All Rights on behalf of Sony/ATV Tunes LLC Administered by Sony/ATV Music Publishing, 8 Music Square West, Nashville, TN 37203
All Rights on behalf of Old Crow Music, Third Stone From The Sun Music and Weenie Stand Music Administered by Warner-Tamerlane Publishing Corp.
International Copyright Secured   All Rights Reserved

FRIENDS IN LOW PLACES

TRACK 27

klingen lassen

Words and Music by DeWayne Blackwell and Earl Bud Lee
Copyright © 1990 by Careers-BMG Music Publishing, Inc. and Sony/ATV Tunes LLC
All Rights on behalf of Sony/ATV Tunes LLC Administered by Sony/ATV Music Publishing, 8 Music Square West, Nashville, TN 37203
International Copyright Secured   All Rights Reserved

AKKORDISCHER STIL

Neben *Travis Picking* und gebrochenen Akkorden gibt es noch weitere Zupfstile. Einer der verbreitetsten ist der akkordische Stil, bei dem nicht-gebrochene Akkorde verwendet werden. Schauen wir uns diesen Ansatz näher an.

Hier ist ein ganz einfaches Beispiel. Der Daumen der rechten Hand kümmert sich um die Basstöne, während die Finger alle Töne der oberen Lagen spielen.

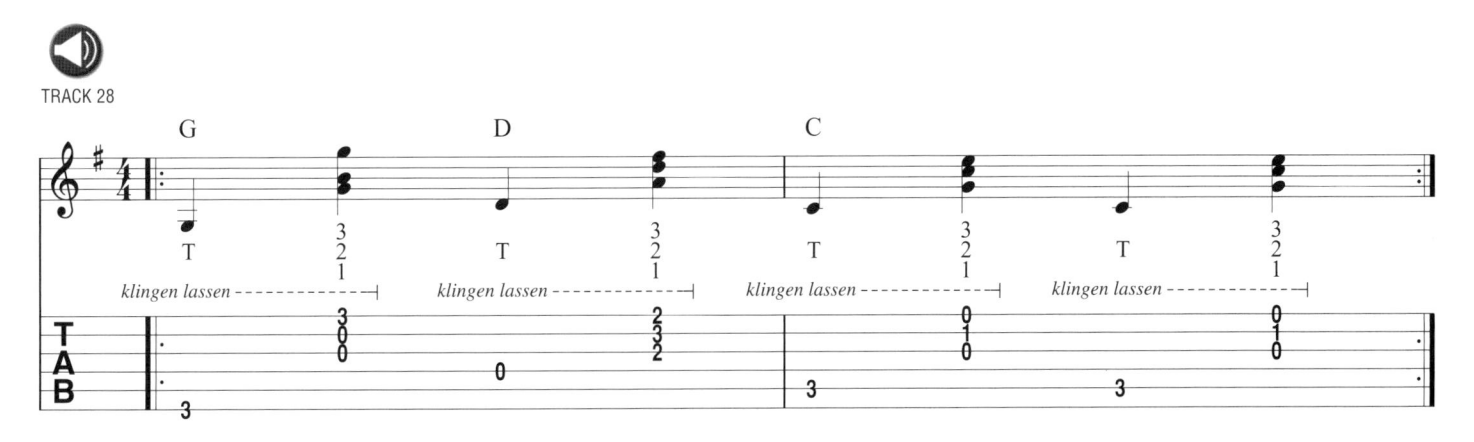

TRACK 28

Mit ein paar Synkopen, perkussiven Sounds und kleinen Veränderungen können wir dieses Beispiel in ein nettes kleines Riff verwandeln. Die als „x" notierten Töne auf den Schlägen 2 und 4 spielt man, indem man einfach mit den Fingern der rechten Hand die bezeichneten Saiten viel kräftiger abstoppt als gewöhnlich. So kommt beispielsweise auf Schlag 2 des ersten Takts die Hand bereits in der richtigen Haltung für den folgenden D-Dur-Akkord auf den Saiten auf: mit dem Daumen in Position an der D-Saite und den Fingern an den drei höchsten Saiten – das aber mit einer schnellen, kräftigen Bewegung, sodass die Saiten gegen das Griffbrett schlagen und das gewünschte perkussive „Tschack" zu hören ist.

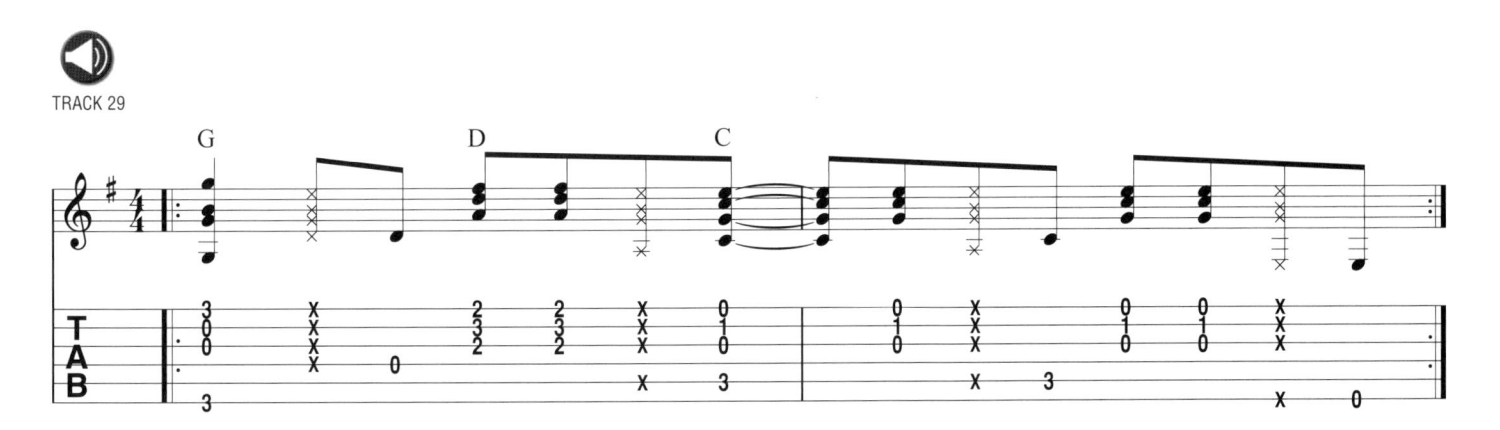

TRACK 29

21

Schauen wir uns ein paar Songs an, die in diesem akkordischen Stil begleitet werden.

YESTERDAY

TRACK 30

Words and Music by John Lennon and Paul McCartney
Copyright © 1965 Sony/ATV Songs LLC
Copyright Renewed
All Rights Administered by Sony/ATV Music Publishing, 8 Music Square West, Nashville, TN 37203
International Copyright Secured   All Rights Reserved

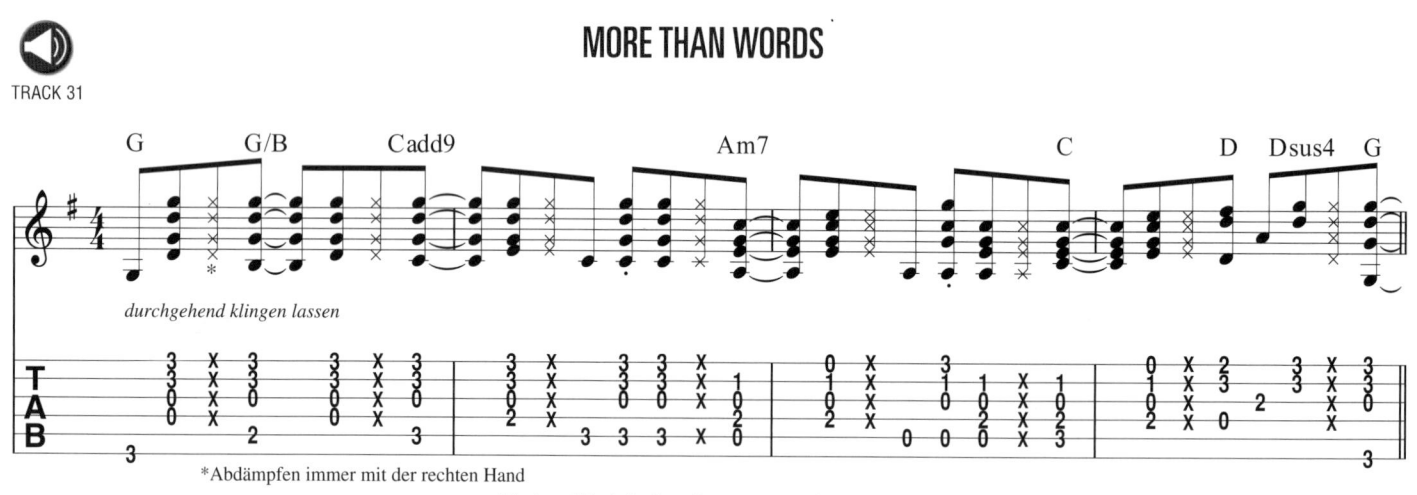

MORE THAN WORDS

TRACK 31

durchgehend klingen lassen

*Abdämpfen immer mit der rechten Hand

Words and Music by Nuno Bettencourt and Gary Cherone
Copyright © 1990 COLOR ME BLIND MUSIC
All Rights Administered by ALMO MUSIC CORP.
All Rights Reserved   Used by Permission

22

JAM SESSION

Zeit für ein Stück zum Jammen. „Dust in the Wind" von Kansas hat vielleicht eines der bekanntesten *Travis-Picking*-Patterns aller Zeiten. Es lohnt sich also, es ganz zu beherrschen. Wenn man diesen zeitlosen Song hervorzaubern kann, wird man noch in Jahrzehnten die Leute ums Lagerfeuer zum Singen bringen können. Das Spannende am Intro ist unter anderem der Effekt, den die drei Melodietöne in ihrer durchgängigen „Drei-über-vier"-Schleife erzeugen.

Hier kannst du die meisten Aspekte des *Travis Pickings* trainieren, darunter auch das Zupfen mit dem Ringfinger (im zweiten Takt jeder Strophe), das Verschieben der rechten Hand zu unterschiedlichen Saitengruppen und gelegentliche Verzierungen durch Hammer-ons und Pull-offs. Achte mal darauf, wie schlau die offene B-Saite in der Bridge eingesetzt ist, was die erweiterten Harmonien in diesem Part leichter spielbar macht.

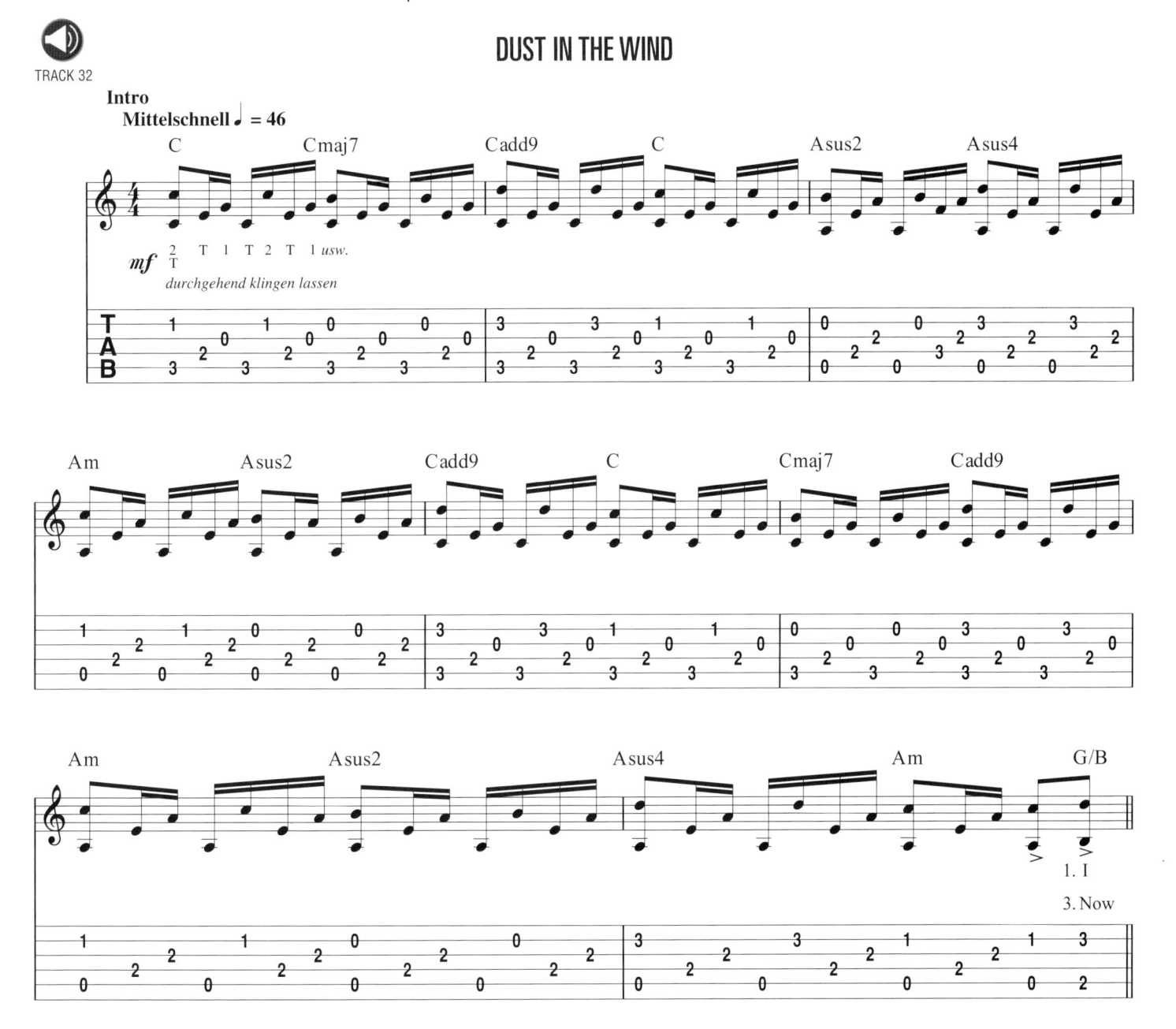

TRACK 32

DUST IN THE WIND

Intro
Mittelschnell ♩ = 46

Words and Music by Kerry Livgren
© 1977, 1978 EMI BLACKWOOD MUSIC INC. and DON KIRSHNER MUSIC
All Rights Controlled and Administered by EMI BLACKWOOD MUSIC INC.
All Rights Reserved   International Copyright Secured   Used by Permission

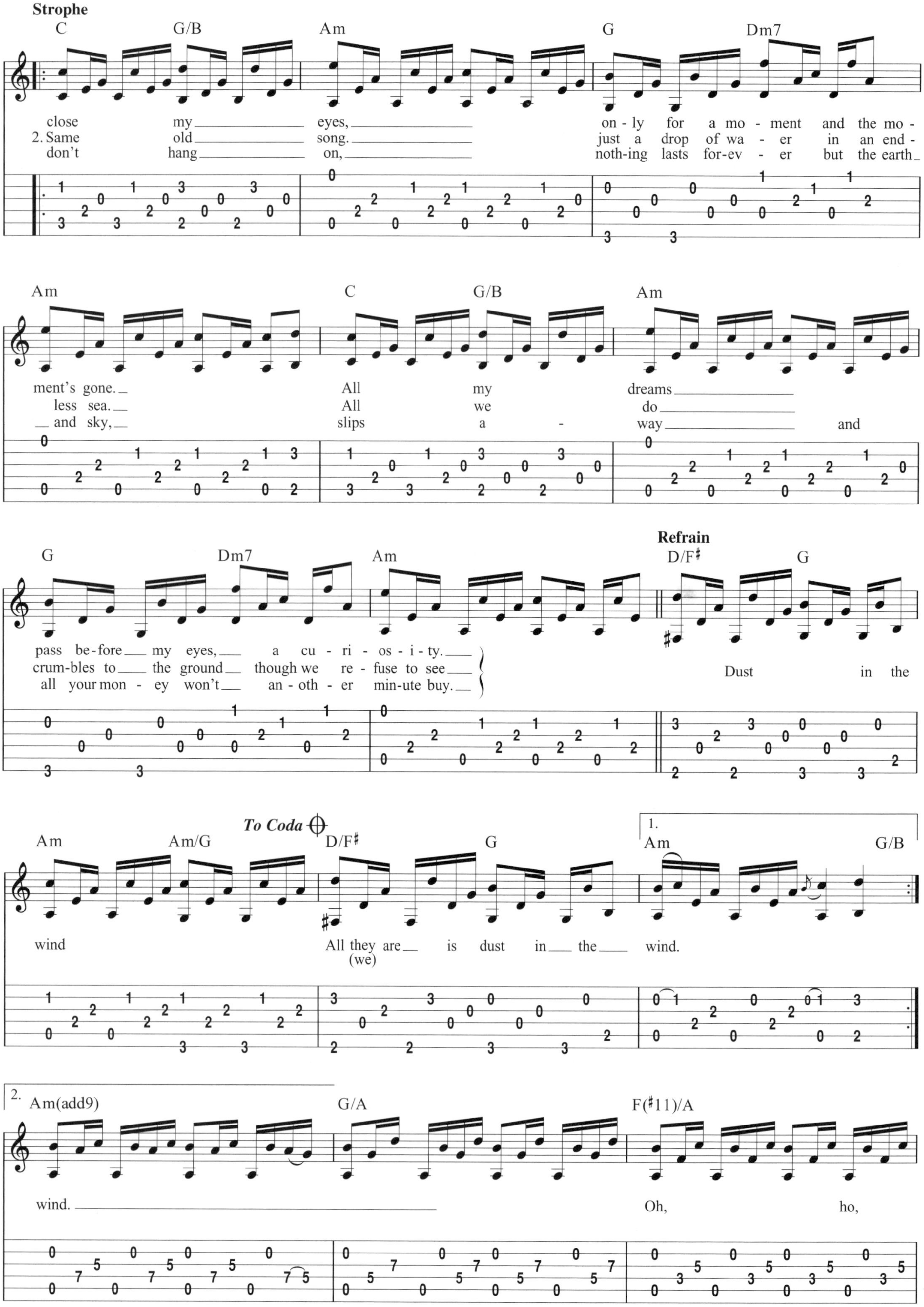
Strophe
C G/B Am G Dm7
close my eyes, on-ly for a mo-ment and the mo-
2. Same old song. just a drop of wa-er in an end-
don't hang on, noth-ing lasts for-ev-er but the earth
Am C G/B Am
ment's gone. All my dreams
less sea. All we do
and sky, slips a-way and
G Dm7 Am
pass be-fore my eyes, a cu-ri-os-i-ty.
crum-bles to the ground though we re-fuse to see
all your mon-ey won't an-oth-er min-ute buy.
Refrain
D/F♯ G
Dust in the
Am Am/G
wind
To Coda
D/F♯ G
All they are is dust in the wind.
(we)
1.
Am G/B
2.
Am(add9) G/A F(♯11)/A
wind.
Oh, ho,

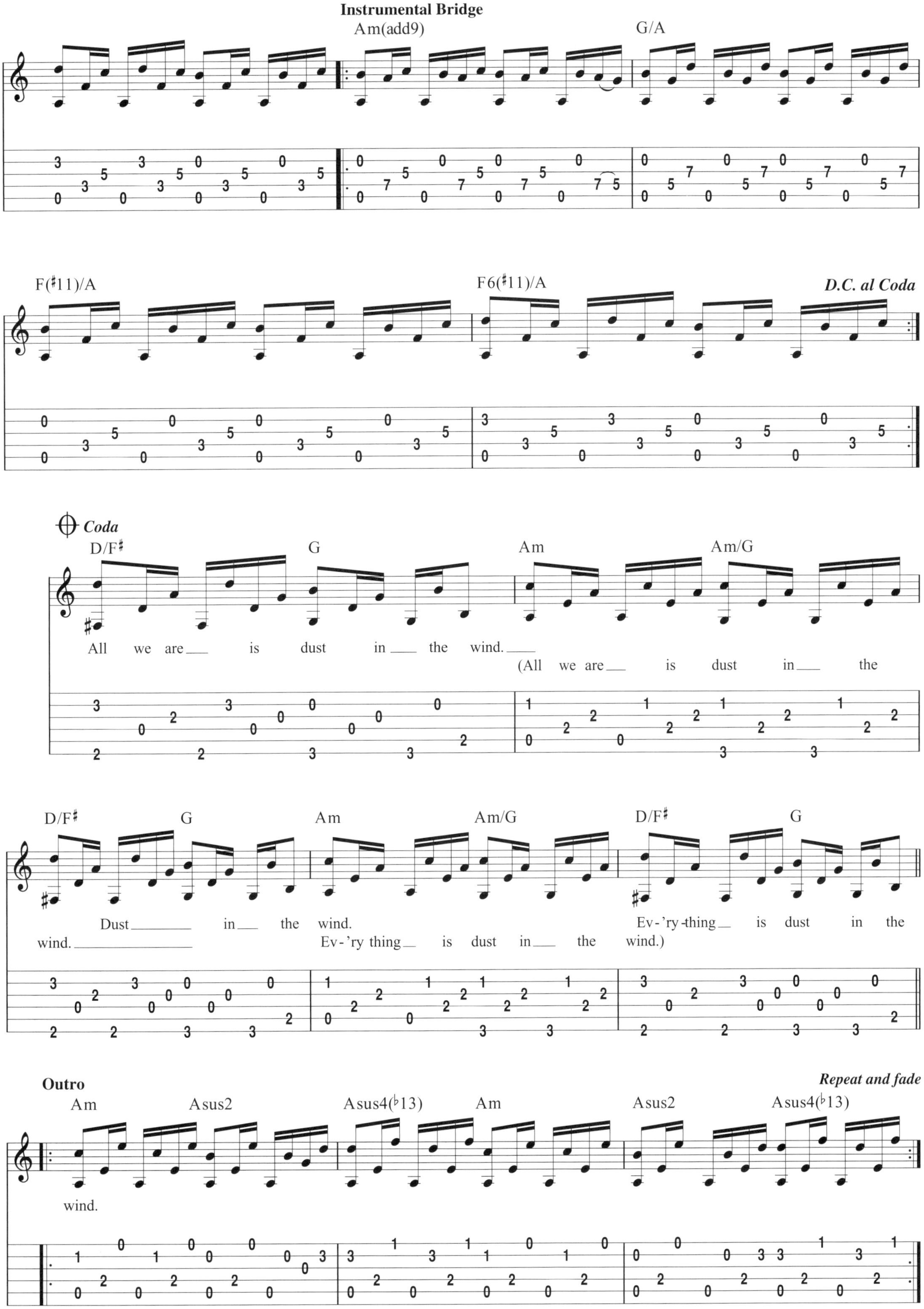
Instrumental Bridge
Am(add9)
G/A
F(♯11)/A
F6(♯11)/A
D.C. al Coda
Coda
D/F♯
G
Am
Am/G
All we are is dust in the wind.
(All we are is dust in the
D/F♯
G
Am
Am/G
D/F♯
G
Dust in the wind.
wind.
Ev-'ry thing is dust in the wind.)
Ev-'ry-thing is dust in the
Outro
Repeat and fade
Am
Asus2
Asus4(♭13)
Am
Asus2
Asus4(♭13)
wind.

KAPITEL 3: SPIELEN MIT KAPO

Da die Akustikgitarre ein so beliebtes Instrument bei allen ist, die sich selbst oder jemand anderen beim Singen begleiten möchten, muss auch das Thema Kapo (=Kapodaster) angesprochen werden. Das soll nicht heißen, dass Gitarristen die nicht singen, keinen Nutzen davon hätten – weit gefehlt! Einen Kapo zu verwenden, bedeutet letztlich nichts anderes, als die Gitarre ganz umzustimmen. Hier ein paar praktische Anwendungsbeispiele:

- **Barrégriffe vermeiden.** Das ist ein wichtiges Thema, denn, seien wir ehrlich: Barrégriffe machen einfach keinen Spaß. Mit der Hilfe eines Kapos findet man häufig eine Möglichkeit, die gleichen Akkorde ganz ohne Barrégriffe zu spielen.

- **Die Tonart eines Songs nach dem Stimmumfang festlegen.** Hast du schon mal versucht, einen Song zu singen, der knapp außerhalb deiner Reichweite lag? Dann kannst du einfach einen Kapo an den Hals klemmen, um das Stück in eine angenehmere Tonart zu transponieren.

- **Einen alternativen oder ergänzenden Gitarrenpart entwickeln.** Viele Gitarristen verwenden oft einen Kapo, um im Studio bestimmte Akkordumkehrungen umzusetzen, die ansonsten unspielbar wären. Bands mit zwei Gitarristen vermeiden mit seiner Hilfe außerdem, dass beide gleichzeitig die gleichen Griffe spielen, und bekommen dadurch einen volleren Sound.

WAS IST EIN KAPO?

Falls du nicht genau weißt, was ein Kapo ist, hier die Erklärung: Ein Kapo wird an den Hals einer Gitarre geklemmt, sodass die Saiten in dem betreffenden Bund heruntergedrückt werden. Im Wesentlichen ist es also ein beweglicher Sattel, der gleichzeitig die Tonhöhe aller Leersaiten erhöht, ohne dass du die Gitarre umstimmen musst. Es gibt ein paar unterschiedliche Kapo-Bauweisen – am beliebtesten ist der „Quick Change"-Typ. Wenn du völlig pleite bist, kann man auch einen „Arme-Leute-Kapo" aus einem Gummiband und einem Stift basteln! Aber auf diese Notlösung musst du hoffentlich nicht zurückgreifen, denn in der Regel bekommt man ein ordentliches Modell für 5 bis 10 Euro.

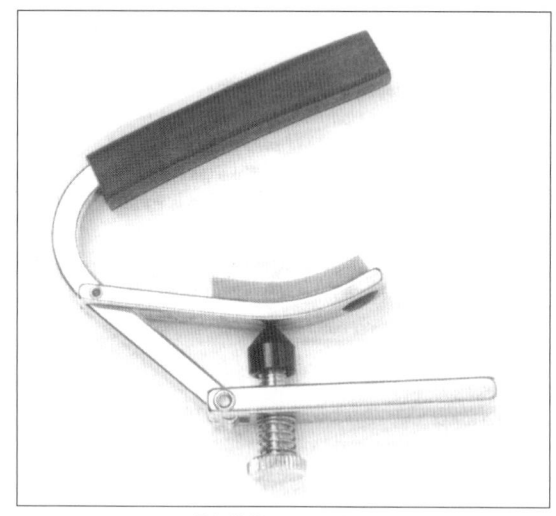

„Edel"-Kapo von Shub

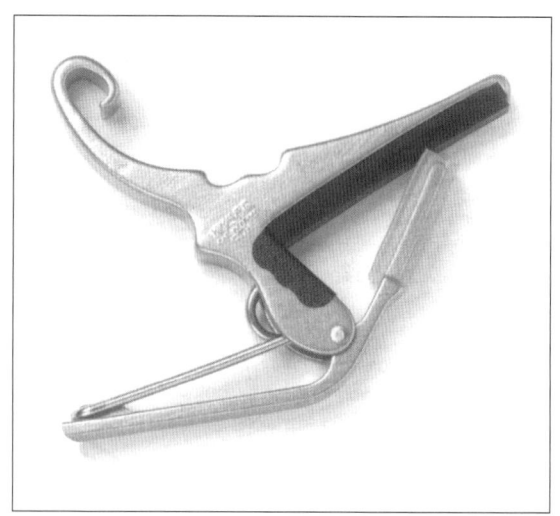

Kyser „Quick-Change"-Kapo

Aber wie genau wird der Kapo eingesetzt? Schauen wir uns zu jeder der drei Anwendungsarten ein Beispiel an.

BARRÉGRIFFE VERMEIDEN

Angenommen, der Keyboarder deiner Band schreibt einen neuen Song in B♭. Er sagt dir, dass ihn die Akustikgitarre mit geschlagenen Akkorden begleiten soll, während er Melodielinien spielt. Die Akkorde sind E♭, B♭, Cm und Gm. „Och nö!", ruft der Nichtbesitzer eines Kapos, „alles Barrégriffe! Na dann: Hallo Krampfhand!" Ausgefuchste Gitarristen hingegen würden sagen: „Kein Problem, Kapo in den dritten Bund und losgerockt." Sehen wir uns das genauer an. Als erstes werfen wir einen Blick darauf, wie du diese Akkorde ohne Kapo spielen müsstest.

TRACK 33

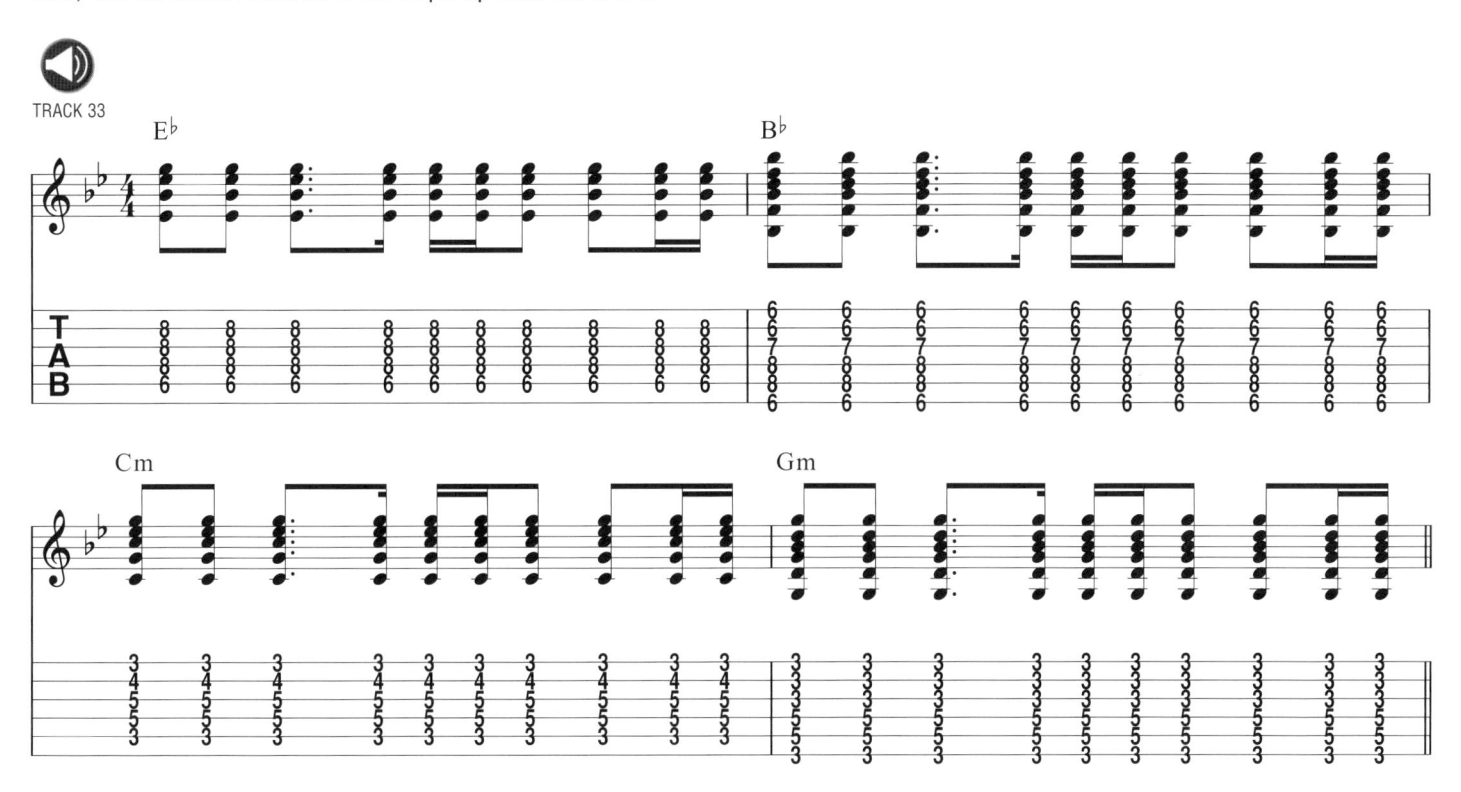

Jetzt schau mal, wie leicht die gleiche Akkordfolge mit Kapo im dritten Bund gespielt werden kann. Voilà! Ganz ohne Barrégriffe!

TRACK 34

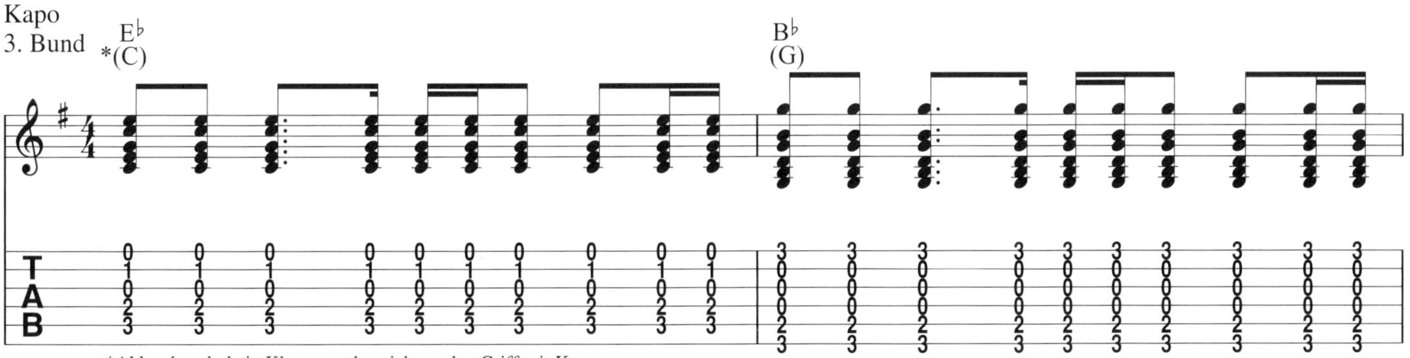

Kapo 3. Bund

*Akkordsymbole in Klammern bezeichnen den Griff mit Kapo. Symbole darüber geben an, welcher Akkord dabei erklingt. In der Tabulatur ist „0" der Bund mit Kapo.

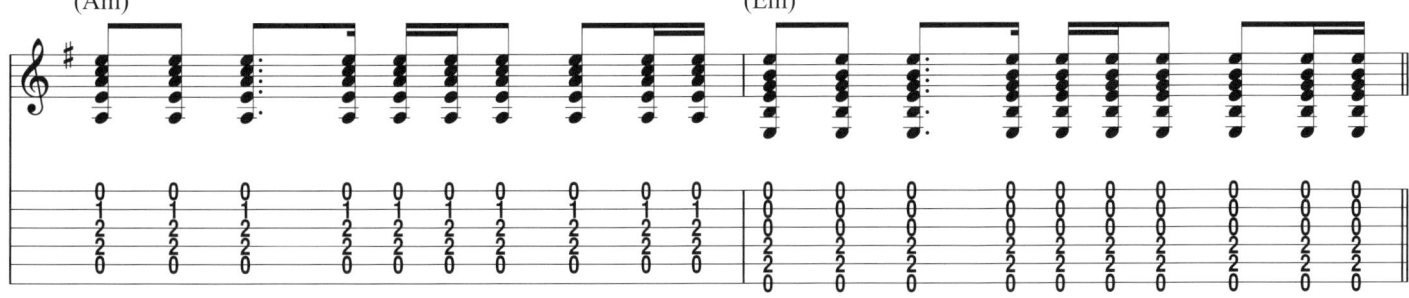

DIE TONART NACH DEM STIMMUMFANG FESTLEGEN

Du hast also viel Zeit investiert, um deinen Lieblings-Ganovencountrysong in E-Dur zu lernen. Er baut auf den Akkorden der I., IV. und V. Stufe auf (E, A7 und B7). Du hast sogar die kleinen Akkordverzierungen gelernt, und es klingt klasse. Jetzt bist du soweit, dass du dazu singen willst. Alles klappt super, aber dann – hey! Du gibst bei den tiefen Tönen dein Bestes, aber das Ergebnis klingt eher nach Frosch. Du musst den Song transponieren und findest heraus, dass eine kleine Terz höher (in G) ideal wäre. Als du den Song in G, C7 und D7 spielst, merkst du, dass er einfach nicht mehr so klingt wie in E. Was tun? Hau einfach einen Kapo in den dritten Bund – dann kannst du das Stück so spielen, wie du es in E gelernt hast: mit den Griffmustern für E, A7 und B7.

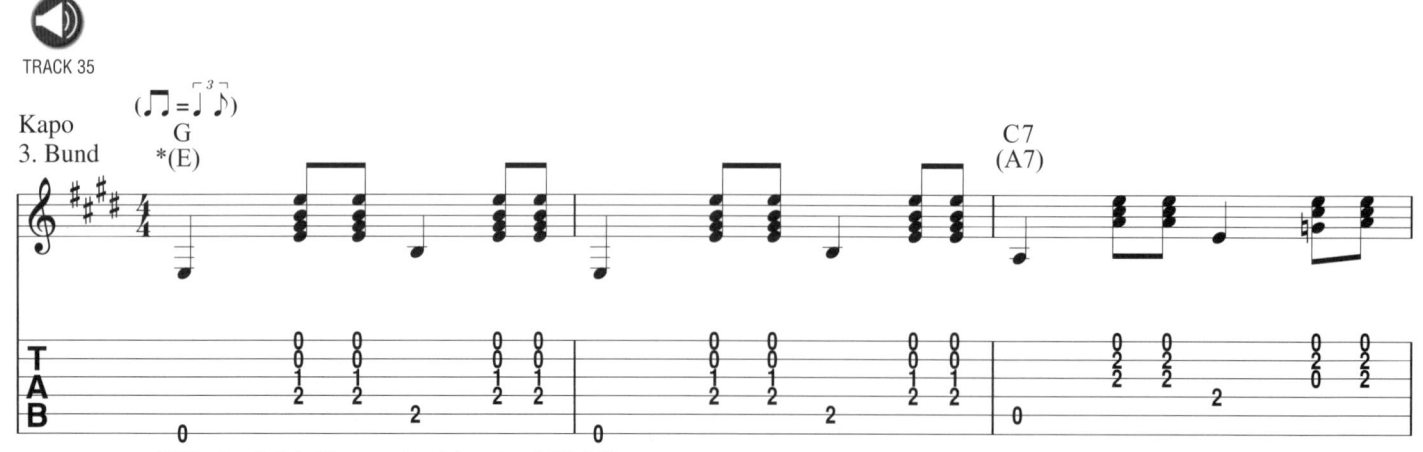

TRACK 35

*Akkordsymbole in Klammern bezeichnen den Griff mit Kapo. Symbole darüber geben an, welcher Akkord dabei erklingt. In der Tabulatur ist „0" der Bund mit Kapo.

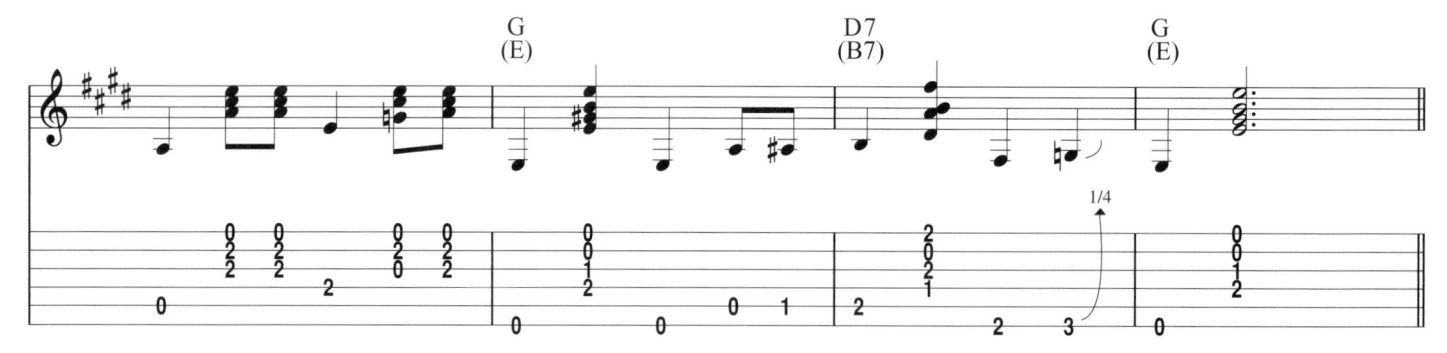

ZWEITE GITARRENPARTS

Dieses Szenario ist fast schon typisch für neu gegründete Bands. Unerfahrene zweite Gitarristen spielen oft einfach das gleiche, was der andere schon spielt. Es ist zwar nichts Ungewöhnliches, dass man im Studio einen Gitarrenpart doppelt, um einen volleren Sound zu erzielen, aber oft ist das live nicht nötig. Zwei Gitarrenparts, die sich gegenseitig ergänzen, sind dem Song oft dienlicher, als ein gedoppelter. Unten sehen wir ein Riff in A-Dur aus den Akkorden auf den Stufen I, ♭VII, IV und ♭V (A, G, D und F). Gitarrist 1 spielt fette offene Akkorde. Gitarrist 2 setzt mit dem gleichen Part ein und Intro und erste Strophe klingen super.

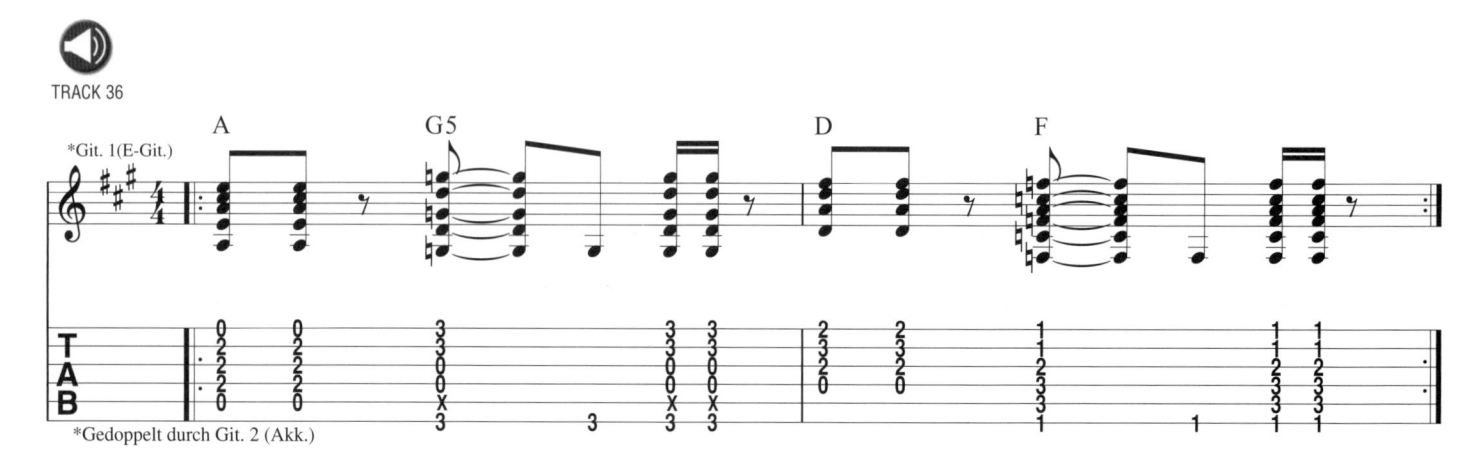

TRACK 36

*Gedoppelt durch Git. 2 (Akk.)

Dann kommt die zweite Strophe und der Sänger (= Gitarrist 1) sagt: „Hier muss irgendwie was Neues passieren. Der Zuhörer darf nicht das Interesse verlieren." Da die Band aus zwei Gitarren, Bass und Schlagzeug besteht und der Sänger nichts allzu Kompliziertes spielen will, während er singt, fällt diese Verantwortung Gitarrist 2 zu. Er stellt sich der Herausforderung, setzt einen Kapo in den fünften Bund und denkt sich einen ausschmückenden Part aus, der die Lücken perfekt schließt. Und am Anfang des Songs kann er immer noch unisono mit Gitarrist 1 spielen. Sie bemerken sogar, dass ihnen der Sound der Akkorde mit Kapo als Gegenpart zur E-Gitarre am besten gefällt. Natürlich wird der Song ein Nummer-Eins-Hit, die Band verkauft fünf Millionen Exemplare ihres Albums und alle werden reich und berühmt – nur, weil Gitarrist 2 wusste, was man mit einem Kapo alles anstellen kann!

TRACK 37

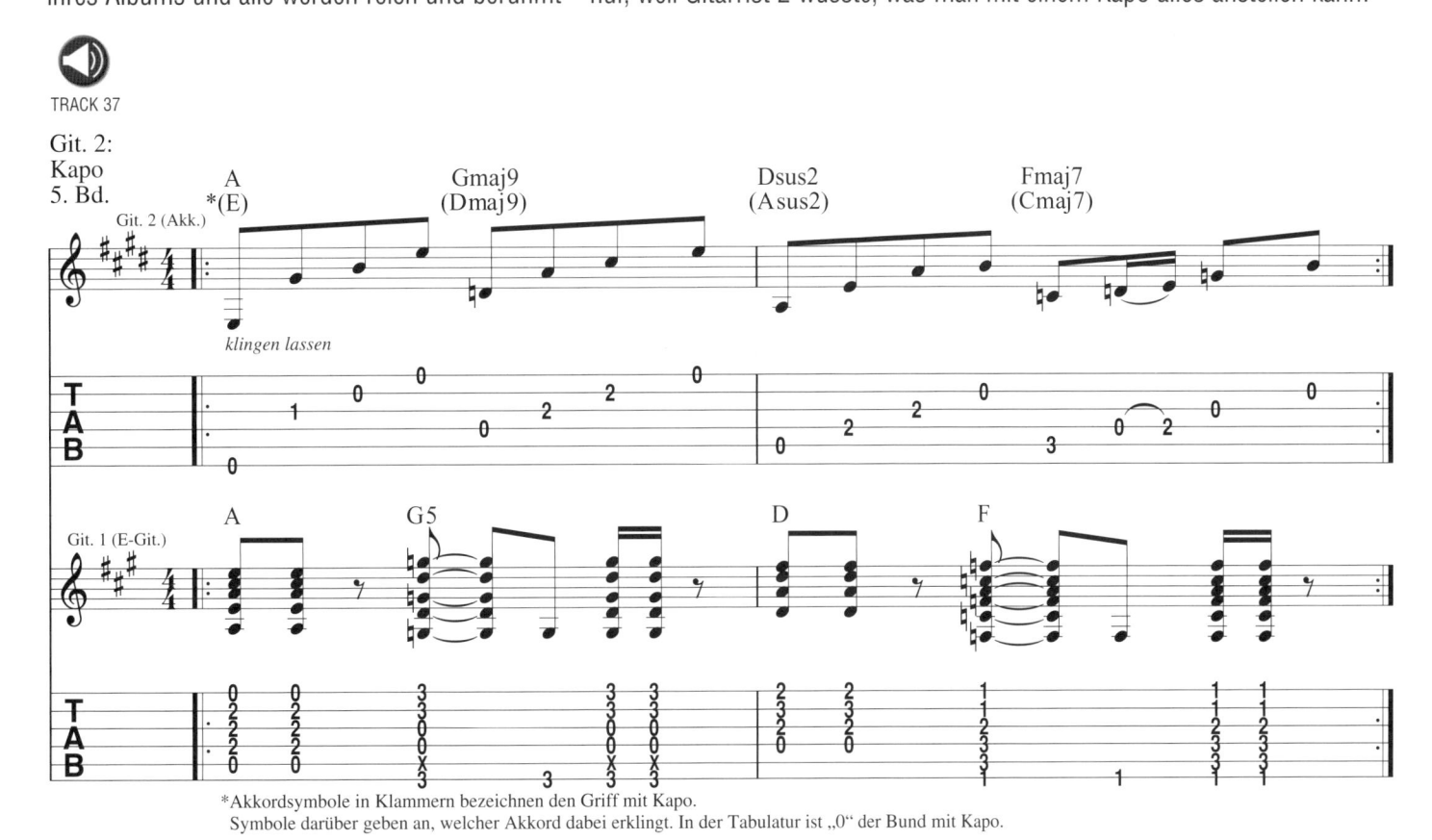

*Akkordsymbole in Klammern bezeichnen den Griff mit Kapo.
Symbole darüber geben an, welcher Akkord dabei erklingt. In der Tabulatur ist „0" der Bund mit Kapo.

Schauen wir uns jetzt ein paar klassische Gitarrenparts mit Kapo an; sie passen alle in die gerade beschriebenen Kategorien. Wo man ein Auge auf die richtige Anschlagsrichtung haben sollte, ist es entsprechend notiert. Denk immer an die *ghost strokes*!

LANDSLIDE

TRACK 38

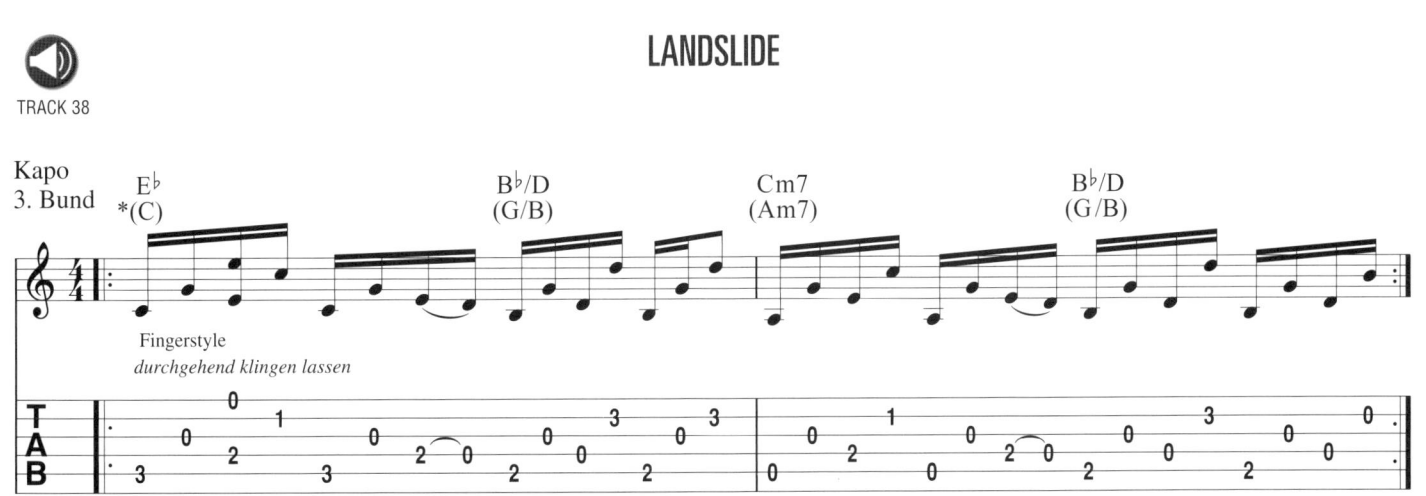

*Akkordsymbole in Klammern bezeichnen den Griff mit Kapo.
Symbole darüber geben an, welcher Akkord dabei erklingt. In der Tabulatur ist „0" der Bund mit Kapo.

Words and Music by Stevie Nicks
Copyright © 1975 Welsh Witch Music
Copyright Renewed
All Rights Administered by Sony/ATV Music Publishing, 8 Music Square West, Nashville, TN 37203
International Copyright Secured   All Rights Reserved

NORWEGIAN WOOD
(THIS BIRD HAS FLOWN)

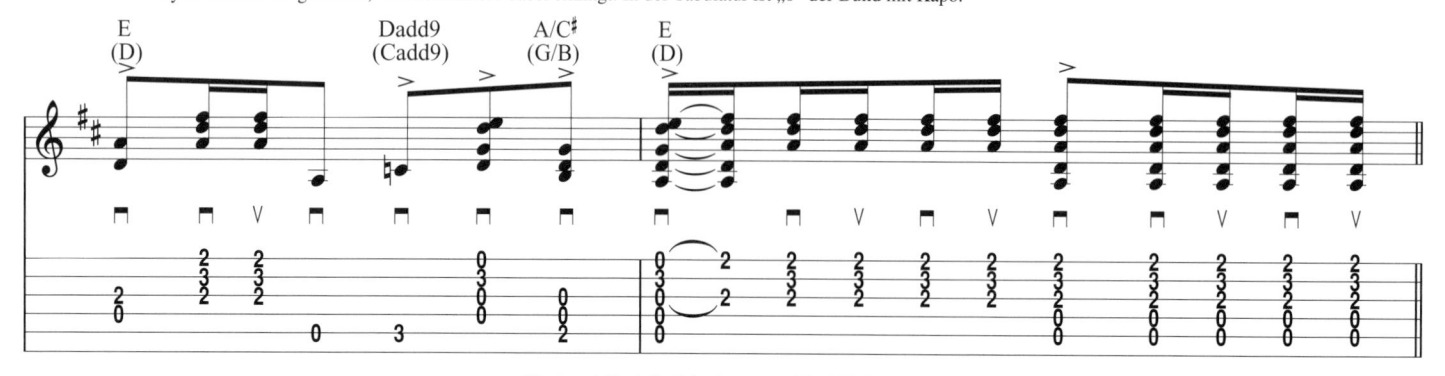

Words and Music by John Lennon and Paul McCartney
Copyright © 1965 Sony/ATV Songs LLC
Copyright Renewed
All Rights Administered by Sony/ATV Music Publishing, 8 Music Square West, Nashville, TN 37203
International Copyright Secured   All Rights Reserved

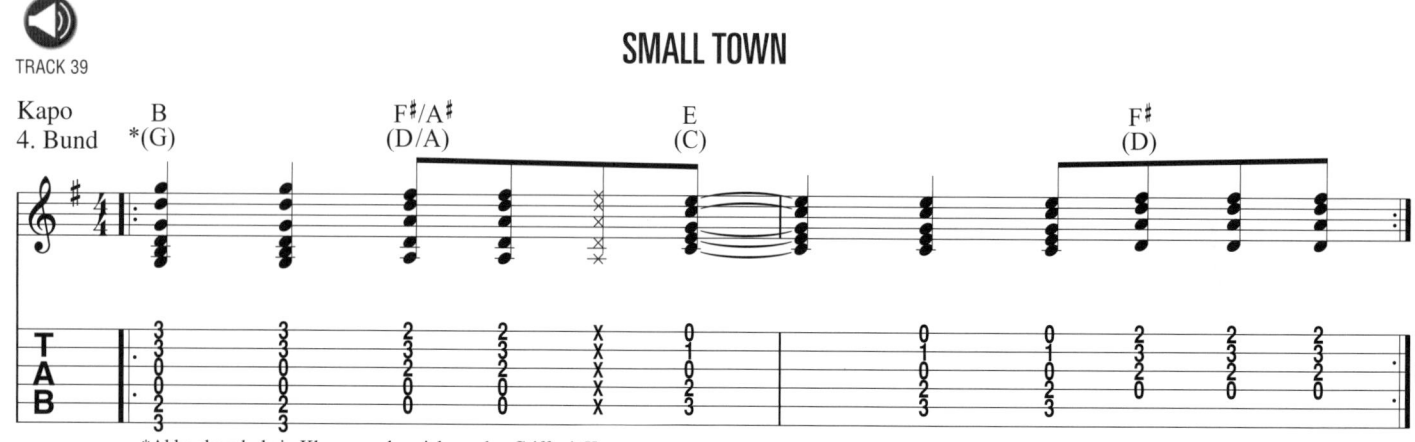

*Akkordsymbole in Klammern bezeichnen den Griff mit Kapo.
Symbole darüber geben an, welcher Akkord dabei erklingt. In der Tabulatur ist „0" der Bund mit Kapo.

WONDERWALL

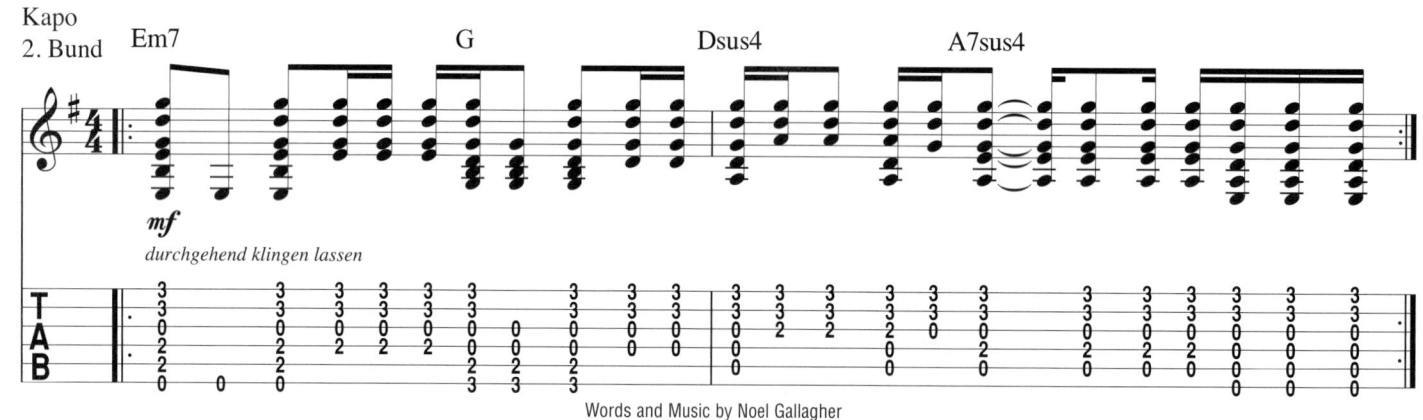

Words and Music by Noel Gallagher
Copyright © 1995 Sony Music Publishing United Kingdom and Creation Songs Ltd.
All Rights Administered by Sony/ATV Music Publishing, 8 Music Square West, Nashville, TN 37203
International Copyright Secured   All Rights Reserved

TRACK 39

SMALL TOWN

*Akkordsymbole in Klammern bezeichnen den Griff mit Kapo.
Symbole darüber geben an, welcher Akkord dabei erklingt. In der Tabulatur ist „0" der Bund mit Kapo.

Words and Music by John Mellencamp
© 1985 EMI FULL KEEL MUSIC
All Rights Reserved   International Copyright Secured   Used by Permission

JAM SESSION

OK – Zeit zum Jammen. George Harrisons „Here Comes the Sun", einer seiner langlebigsten Beiträge zum Beatles-Repertoire, hat ein unvergessliches, mit Kapo gespieltes Riff (siehe nächste Seite). Entwickelt aus den Standard-Griffen D, G und A7 erklingt es aufgrund des Kapos im siebten Bund in A-Dur.

Es klingt leichter als es ist, wenn George auf den obersten beiden Saiten die Melodie zupft, während er gleichzeitig den Rest des jeweiligen Akkords anschlägt. Da wir uns diese Technik noch nicht angesehen haben, probieren wir doch zuerst ein paar Übungen aus, um ein Gespür zu bekommen, wie das geht. Das Wichtigste, auf das man bei dieser Spielweise achten muss, ist, sich nicht in Detailgenauigkeit zu verlieren. Auf die Melodietöne – in der Regel ganz oben im Akkord – kommt es an. Ob du nun alle anderen Töne exakt wie notiert hinbekommst, ist nicht so wichtig. Probier mal diese beiden Beispiele aus und konzentriere dich darauf, die Melodie herauszuarbeiten, während der Rhythmus gleichmäßig weiterläuft. Beachte, dass immer auf den Grundschlägen die Abschläge liegen.

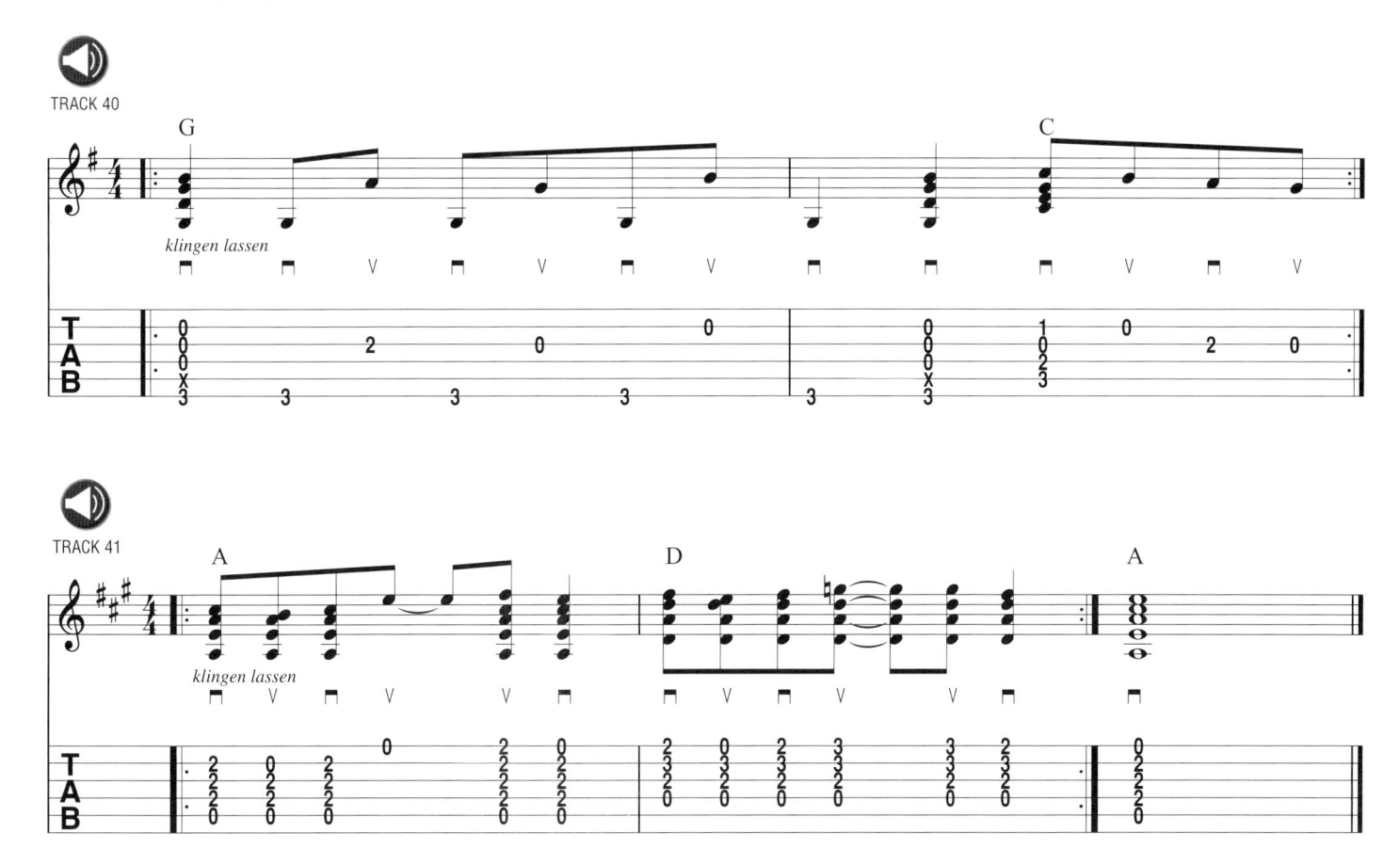

TRACK 40

TRACK 41

In Takt 2 dieses nächsten Beispiels treffen wir auf eine Figur aus gebrochenen Akkorden, wie sie ähnlich auch in „Here Comes the Sun" vorkommt. Diese Figur fällt dir wahrscheinlich leichter, wenn du aus dem üblichen Muster aus Ab- und Aufschlag ausbrichst. Ich habe eine abweichende Anschlagfolge notiert, die du vielleicht ausprobieren möchtest. Bei diesem Stil ist außerdem anzumerken, dass der Akkordgriff, den du mit Melodietönen ausschmückst, wenn möglich liegenbleibt. Im folgenden Takt 1 beispielsweise solltest du den vollständigen E-Dur-Griff den ganzen Takt über halten, wenngleich du nicht alle Töne daraus spielst; das hohe F# wird mit dem kleinen Finger gegriffen.

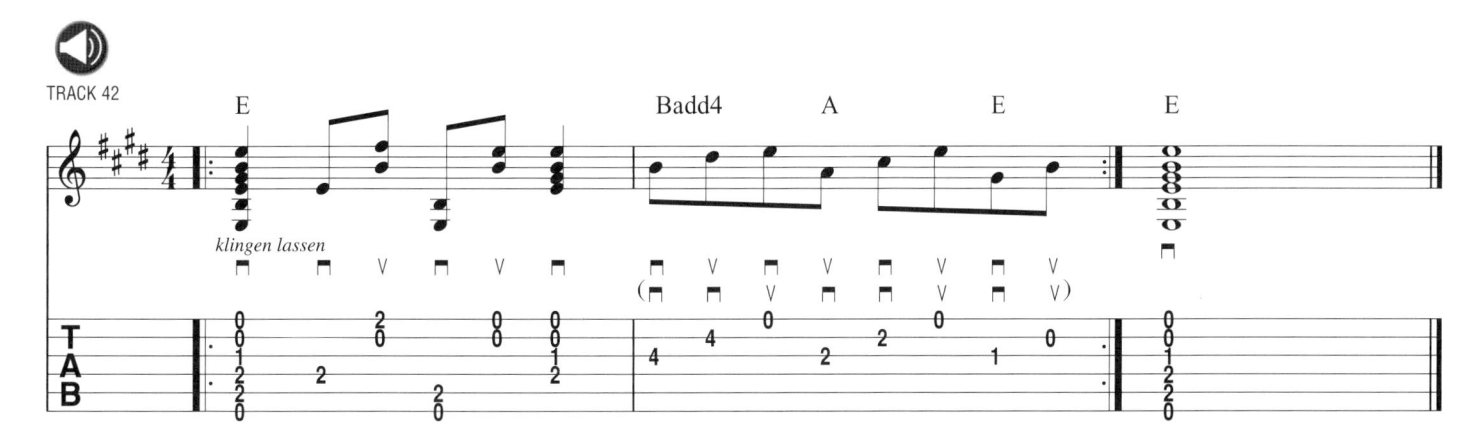

TRACK 42

Achte besonders auf die Taktartwechsel in „Here Comes the Sun". Vielleicht musst zu die CD auflegen und mitlesen, um herauszuhören, wie dieser Abschnitt sich anhören soll. Leg los!

HERE COMES THE SUN

TRACK 43

Kapo 7. Bund

Intro
Mittelschnell ♩ = 132

*Akkordsymbole in Klammern bezeichnen den Griff mit Kapo.
Symbole darüber geben an, welcher Akkord dabei erklingt. In der Tabulatur ist „0" der Bund mit Kapo.

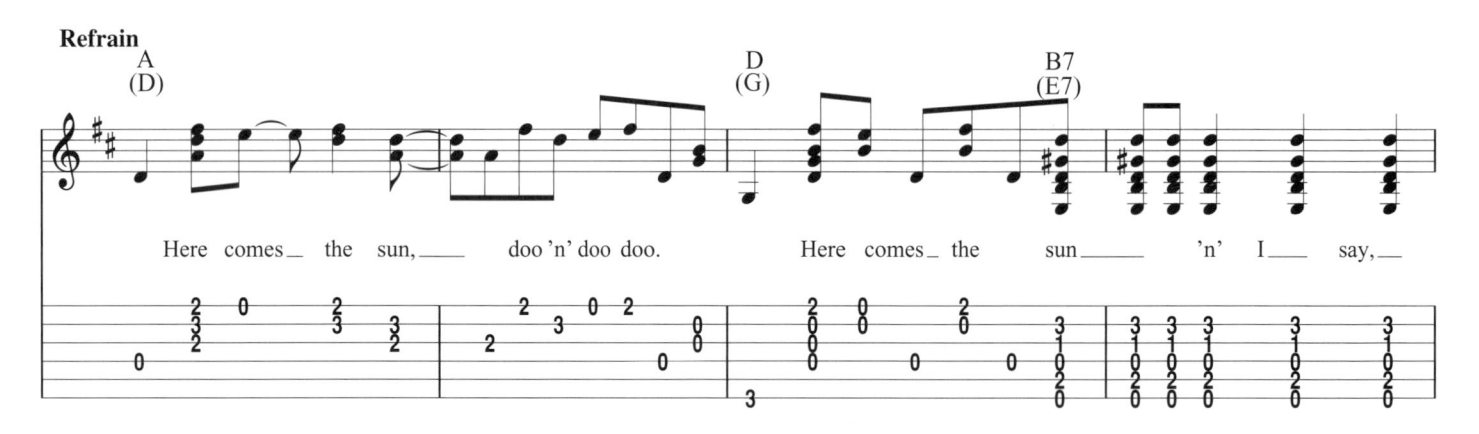

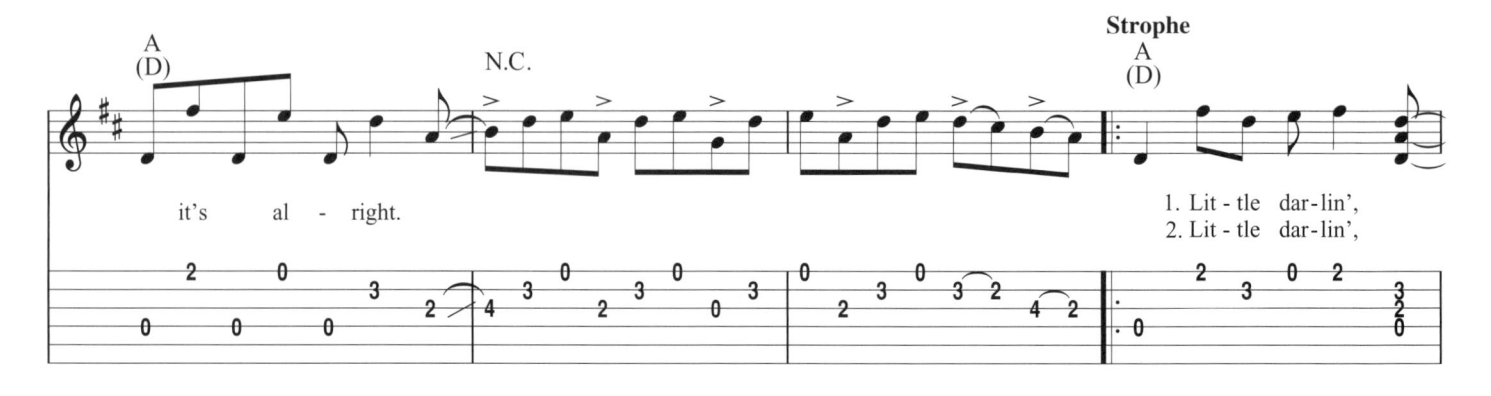

Refrain

Here comes the sun, doo 'n' doo doo. Here comes the sun 'n' I say,

it's al - right.

1. Lit - tle dar - lin',
2. Lit - tle dar - lin',

Strophe

Words and Music by George Harrison
Copyright © 1969 Harrisongs Ltd.
Copyright Renewed 1998
All Rights Reserved

D (G)
E7 (A7)
A (D)
it's been a long cold lone - ly win - ter.
the smiles re - turn - ing to their fac - es.
Lit - tle dar - lin',
Lit - tle dar - lin',
Refrain
E7sus4 (A7sus4)
it feels like years since it's been here.
it seems like years since it's been here.
Here comes the sun,
B7 (E7)
doo 'n' doo doo.
Here comes the sun 'n' I say,
it's al - right.
N.C.
1.
2.
Bridge
C (F)
G (C)

D (G)
A (D)
E7 (A7)
C (F)
G (C)
Sun, sun,
sun, here it comes.
Sun, sun, sun, here it
comes.
1., 2., 3.
4.
E7sus4 (A7sus4)
E (A)
Strophe
3. Lit - tle dar - lin', I feel that ice is slow - ly melt - ing.

A (D)
D (G)
E7 (A7)
E7sus4 (A7sus4)
Lit-tle dar-lin', it seems like years since it's been here.
Refrain
A (D)
D (G)
B7 (E7)
Here comes the sun, doo 'n' doo doo. Here comes the sun.
A (D)
N.C.
It's al - right.
A (D)
N.C.
It's all right.
C (F)
G (C)
D (G)
A (D)
rit.

KAPITEL 4: ALTERNATIVE STIMMUNGEN

Technisch gesehen entsteht eine alternative Stimmung, wenn eine oder mehr Gitarrensaiten auf Töne gestimmt werden, die von der Standardstimmung (E-A-D-G-B-E) abweichen. Ein unmittelbarer Nutzen ist der neue Blickwinkel auf das Instrument. Wer noch nie mit einer anderen Stimmung experimentiert hat, wird wahrscheinlich von den Möglichkeiten neuer Klänge, die Alternativstimmungen mit sich bringen, angenehm überrascht sein. Aus praktischer Sicht ähnelt das Spielen in einer anderen Stimmung in vielem dem Start an einem neuen Instrument: Die Magie des ersten angeschlagenen G-Dur-Akkords ist wieder da, und man ist nicht länger auf bekannte Griffe oder Skalen beschränkt. Außerdem können Gitarristen Akkordumkehrungen spielen, die in der Standardstimmung unmöglich umzusetzen wären. Daher werden solche Varianten oft im Studio eingesetzt, wo man (im Wortsinn) den ganzen Tag Zeit hat, sich auf einen Akkord zu konzentrieren und ihn strahlen zu lassen. Einfach gesagt, können Alternativstimmungen ein großartiges Mittel sein, die ausgetretenen Pfade – auf denen sich viele Gitarristen allzu oft wiederfinden – zu verlassen.

Es würde den Rahmen dieses Kapitels sprengen, das Thema ganz auszuloten, da es für das Umstimmen kaum Grenzen gibt. Ich wollte es jedoch unbedingt ansprechen, weil Stimmungsvariationen in der Welt der Akustikgitarre besonders häufig vorkommen. Die großen Bluesgitarristen der Dreißiger und Vierziger haben ebenso ausgiebig Gebrauch von zahlreichen Stimmungen gemacht wie virtuose Fingerstyle-Solisten – etwa Michael Hedges oder Leo Kottke. Alternative Stimmungen haben zwar in letzter Zeit in der Welt der Rockgitarre an Beliebtheit gewonnen, doch mir scheint, dass sie immer noch zum größten Teil in der akustischen Musik zu finden sind. Untersuchen wir ein paar der verbreitetsten Alternativstimmungen und schauen wir, was sie zu bieten haben.

OPEN G

Von den Blues-Pionieren aus dem Mississippi-Delta bis zu den Rolling Stones: in offener G-Stimmung (von tief nach hoch: D-G-D-G-B-D) gab es in all den Jahren viel zu hören. Sie ermöglicht einem nicht nur, ganz ohne Griff einen Akkord (G-Dur) zu spielen, sondern auch Dur-Akkorde ganz simpel mit einem Finger zu greifen. So stimmt man die Gitarre von der Standardstimmung zu *Open G* um:

1. Stimme die tiefe E-Saite einen Ganzton nach unten – anhand der leeren D-Saite.
2. Stimme die A-Saite einen Ganzton nach unten – anhand der soeben neugestimmten G-Saite.
3. Stimme schließlich die hohe E-Saite einen Ganzton nach unten – anhand der leeren (tieferen) D-Saite. Geschafft: so klingt *Open G*.

Schauen wir uns mal die wunderbar unverbraucht klingenden Griffe in G-Dur, der „Heimat-Tonart" dieser Stimmung, an. Hörst du, wie frisch und lebendig die Akkorde auf der Tonika, Subdominante und Dominante in dieser Stimmung auf einmal wieder klingen?

TRACK 44

Jetzt schieben wir das gleiche Griffmuster auf dem Griffbrett aufwärts, während hohe E- und A-Saite offen schwingen. Achte einmal auf den vollen Klang dieser Akkorde.

TRACK 45

Stimmung: Open G
(tief nach hoch) D-G-D-G-B-D

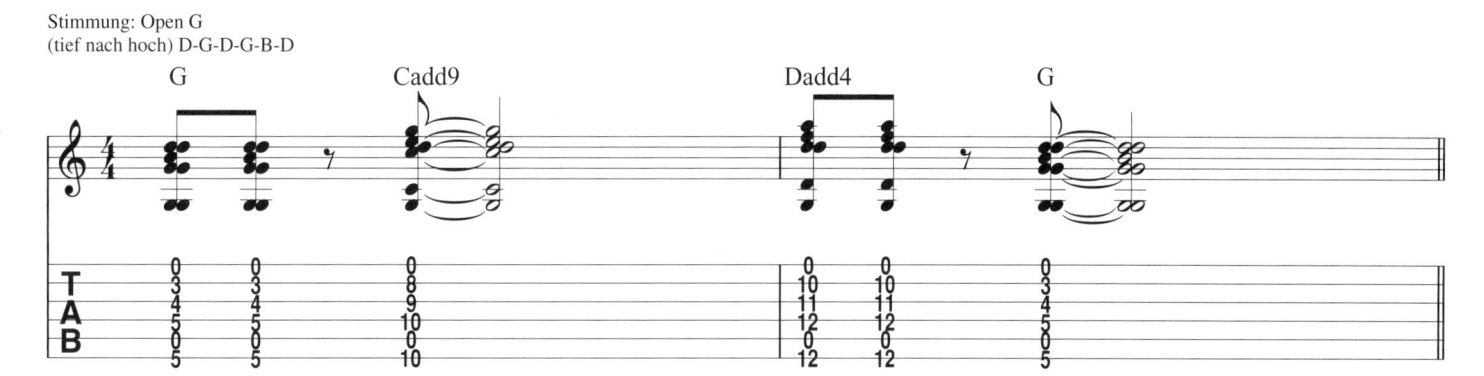

Hier folgt eine Reihe von Fingersätzen für Akkorde auf Tonika, Subdominate und Dominante in offener G-Stimmung. Probier mal unterschiedliche Kombinationen aus – geschlagen oder gezupft – mal sehen, wie das klingt.

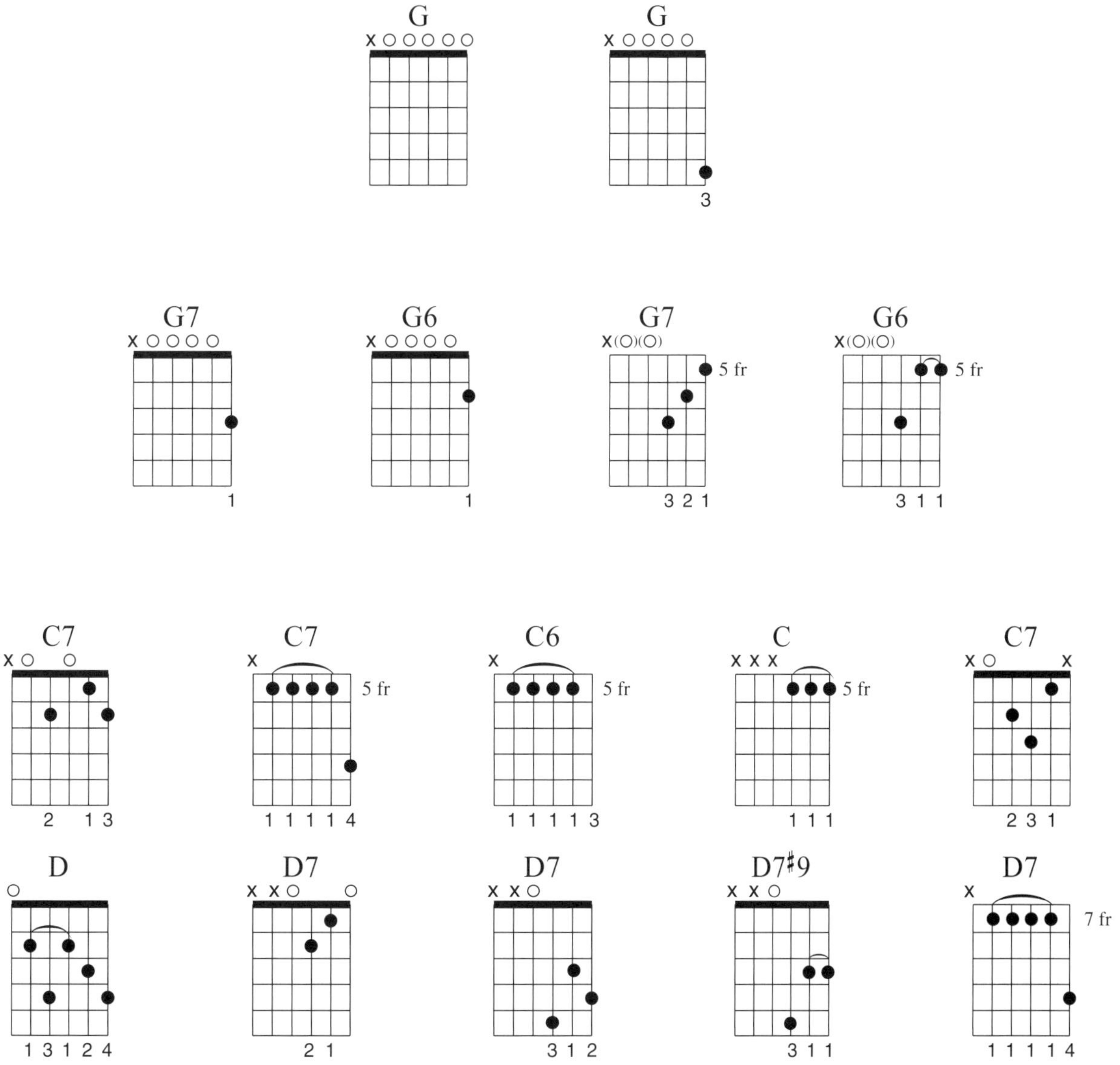

37

Es folgen nun ein paar großartige Riffs von echten Gitarrenprofis, die sich auf *Open G* stützen.

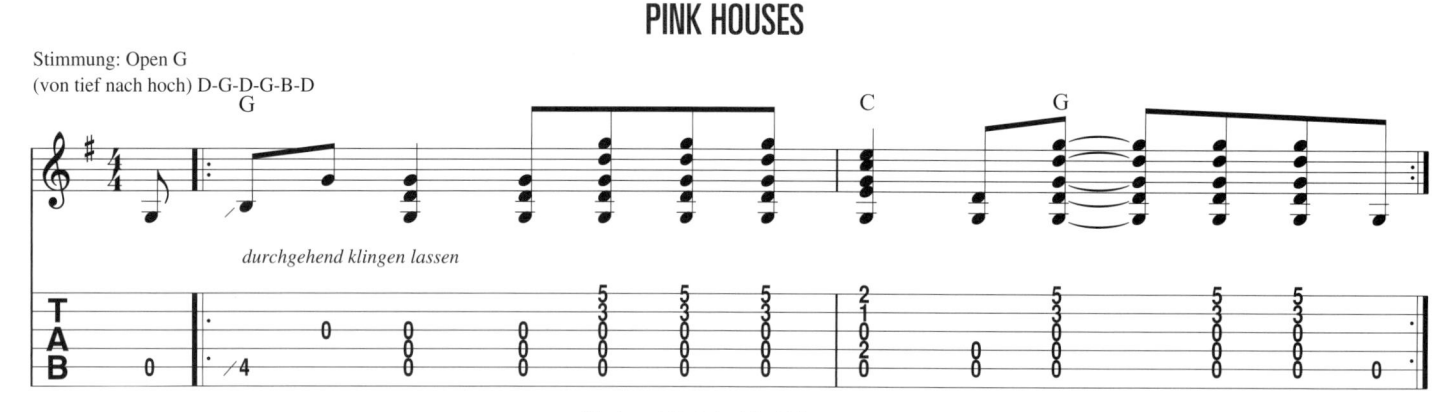

PINK HOUSES

Stimmung: Open G
(von tief nach hoch) D-G-D-G-B-D

durchgehend klingen lassen

Words and Music by John Mellencamp
© 1983 EMI FULL KEEL MUSIC
All Rights Reserved International Copyright Secured Used by Permission

CROSS ROAD BLUES
(CROSSROADS)

Stimmung: Open G
(von tief nach hoch) D-G-D-G-B-D

Fingerstyle

Words and Music by Robert Johnson
Copyright © (1978), 1990, 1991 Lehsem II, LLC and Claud L. Johnson
Administered by Music & Media International, Inc.
International Copyright Secured All Rights Reserved

DROP D

Eine weitere verbreitete Alternativstimmung ist *Drop D* (von tief nach hoch: D-A-D-G-B-E). Dabei lassen sich auf den beiden D-Saiten leicht Oktaven greifen, während der Rest der Gitarre wie gewohnt gestimmt ist. Im Reich der Akustikgitarre wird *Drop D* häufig von Sologitarristen eingesetzt, denn dann kann man die leeren D-Saiten mit dem Daumen als Bordun (engl.: *drone*) anschlagen und Akkorde und Melodien darüberlegen. Um die Gitarre in *Drop D* umzustimmen, muss man nur die tiefe E-Saite einen Ganzton tiefer stimmen – auf ein D, eine Oktave tiefer als die leere D-Saite. (Wenn sie noch in *Open G* gestimmt ist, erhöhe A- und hohe E-Saite wieder um einen Ganzton, dann ist alles korrekt.)

OK – dann probier mal dieses Beispiel im *Travis-Picking*-Stil aus und finde heraus, wie der Oktavabstand der beiden D-Saiten dieser Stimmung ausgenutzt werden kann. Beachte, dass wir für jeden Akkord den gleichen D-Dur-Griff verwenden, der nur auf dem Griffbrett verschoben wird. Schlage als letzten Akkord alle sechs Saiten mit dem Daumen an.

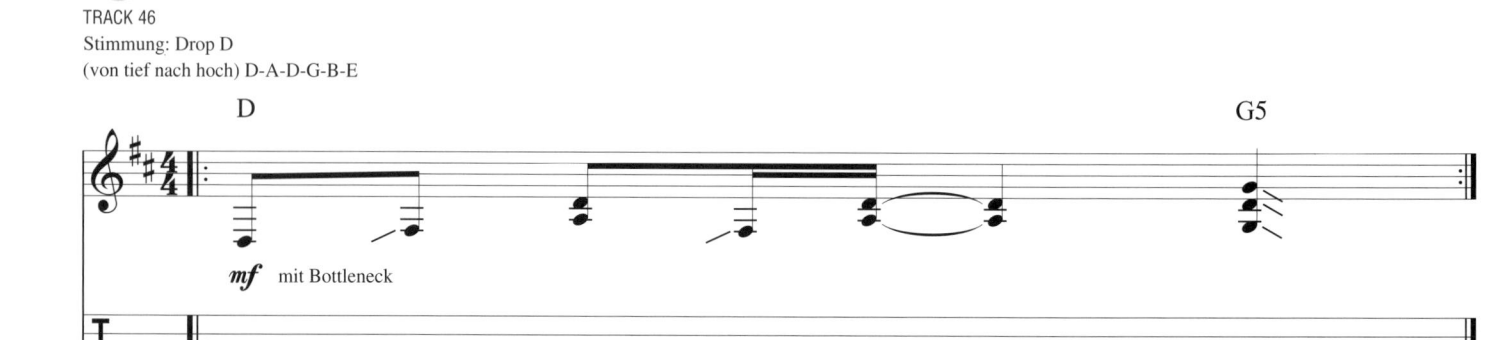

TRACK 46
Stimmung: Drop D
(von tief nach hoch) D-A-D-G-B-E

mf mit Bottleneck

Hier kommt ein weiteres Beispiel, diesmal mit ein paar Hammer-ons verziert. Außerdem wandert hier der Daumen der rechten Hand auf dem A-Dur-Akkord in Takt 3 hinauf zu A- und D-Saite.

TRACK 47

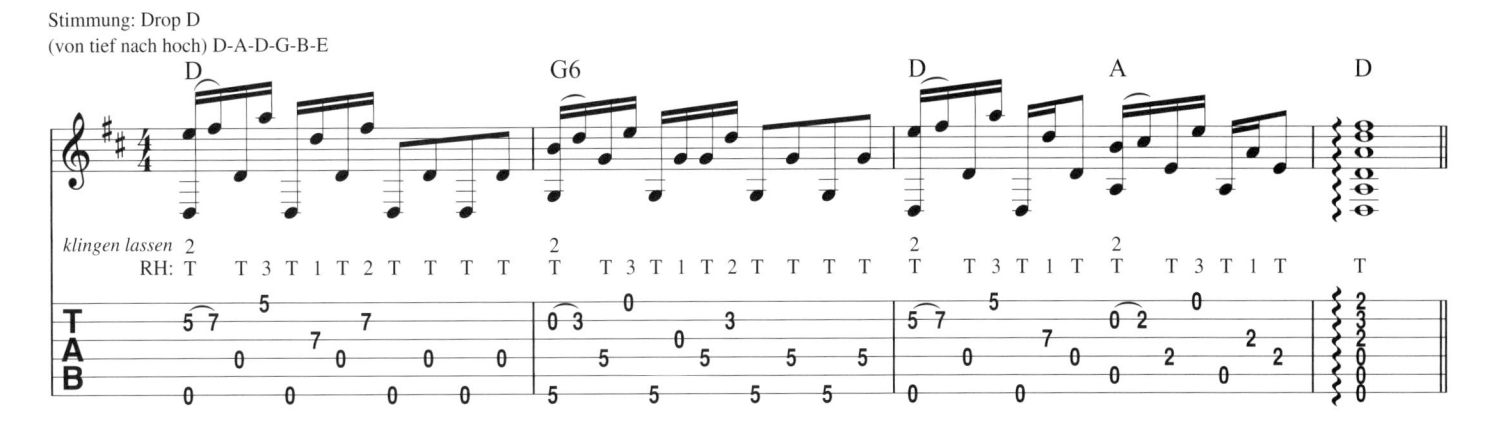

Stimmung: Drop D
(von tief nach hoch) D-A-D-G-B-E

klingen lassen

Probieren wir jetzt ein paar *Travis-Picking*-Riffs aus, die sich auf *Drop D* stützen. Denk daran, dass alle Töne von der D-Saite abwärts vom Daumen angeschlagen werden.

TRACK 48

DEAR PRUDENCE

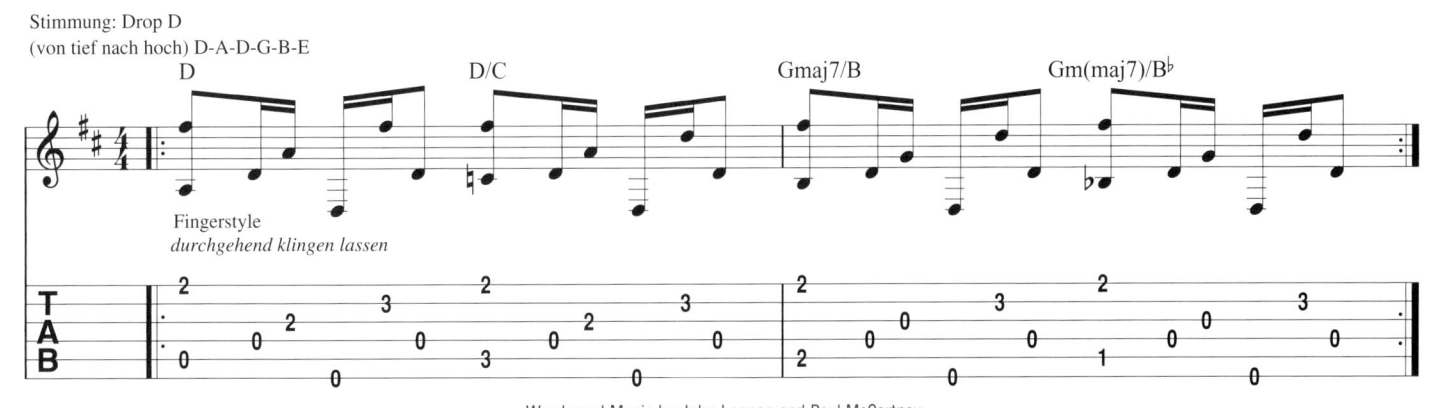

Stimmung: Drop D
(von tief nach hoch) D-A-D-G-B-E

Fingerstyle
durchgehend klingen lassen

Words and Music by John Lennon and Paul McCartney
Copyright © 1968 Sony/ATV Songs LLC
Copyright Renewed
All Rights Administered by Sony/ATV Music Publishing, 8 Music Square West, Nashville, TN 37203
International Copyright Secured   All Rights Reserved

LOSER

Stimmung: Drop D
(von tief nach hoch) D-A-D-G-B-E

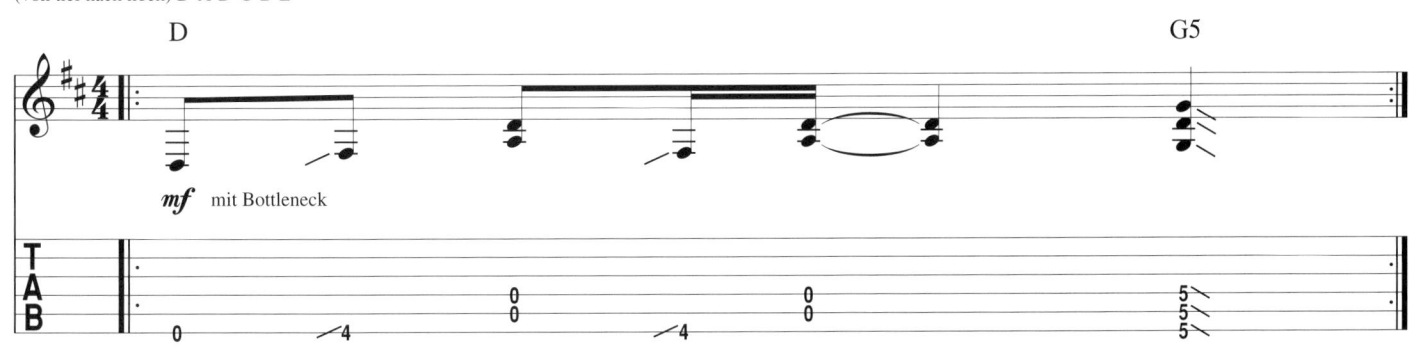

mf mit Bottleneck

Words by Beck Hansen   Music by Beck Hansen and Karl Stephenson
Copyright © 1993 by BMG Songs, Inc., Cyanide Breathmint Music and Nothin' Fluxin' Music
All Rights Administered by BMG Songs, Inc.
International Copyright Secured   All Rights Reserved

WEITERE STIMMUNGEN

Und hier als Zugabe zwei weitere Riffs in unterschiedlichen Stimmungen. Beide unterscheiden sich nur in den beiden tiefsten Saiten voneinander, lassen sich also ohne größeren Aufwand ausprobieren. Die beiden obersten Saiten werden für beide Riffs um je einen Ganzton tiefer gestimmt.

WHEN I WAS A BOY

Stimmung:
(von tief nach hoch) D–G–D–G–A–D

Fingerstyle
durchgehend klingen lassen

Written by Dar Williams
© 1993 BURNING FIELD MUSIC (ASCAP)/Administered by BUG MUSIC
All Rights Reserved   Used by Permission

BUILDING A MYSTERY

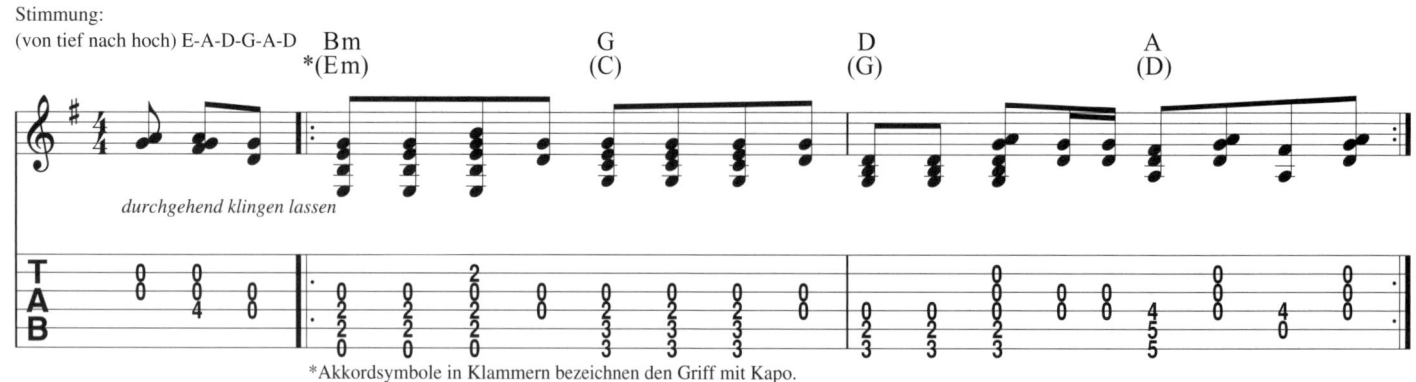

TRACK 49

Kapo 7. Bund
Stimmung:
(von tief nach hoch) E–A–D–G–A–D

durchgehend klingen lassen

*Akkordsymbole in Klammern bezeichnen den Griff mit Kapo.
Symbole darüber geben an, welcher Akkord dabei erklingt. In der Tabulatur ist „0" der Bund mit Kapo.

Words and Music by Sarah McLachlan and Pierre Marchand
Copyright © 1997 Sony/ATV Songs LLC, Tyde Music and Pierre J. Marchand
All Rights on behalf of Sony/ATV Songs LLC and Tyde Music Administered by Sony/ATV Music Publishing, 8 Music Square West, Nashville, TN 37203
International Copyright Secured   All Rights Reserved

In der folgenden Liste findest du noch weitere Alternativstimmungen zum Ausprobieren. Sie ist zwar keineswegs umfassend, bietet aber einen guten Einstieg. Probier doch einfach mal neue Stimmungen aus, indem du von diesen Beispielen ausgehend eine Saite oder zwei umstimmst. Experimentiere! Oft ist eine neue Stimmung die Inspiration für einen neuen Song.

Double Drop D (D–A–D–G–B–D)
Dsus4 (D–A–D–G–A–D) (oft auch „Dadgad" genannt)
Open D (D–A–D–F♯–A–D)
Open Gm (D–G–D–G–B♭–D)
Open A (E–A–E–A–C♯–E)
Open E (E–B–E–G♯–B–E)
Open Em (E–B–E–G–B–E)
Open C (C–G–C–G–C–E)

JAM SESSION

Gut – nehmen wir mal an, dass dir bei der ganzen Umstimmerei keine Saite gerissen ist … Dann ist es jetzt wieder Zeit zum Jammen. „Name" war nur der Anfang einer ganzen Reihe Hits, den die Goo Goo Dolls Ende der Neunziger hatten. John Rzeznik verwendet in diesem Song eine ziemlich eigenwillige Stimmung – (von tief nach hoch) D-A-E-A-E-E – für seinen wunderbar komponierten Akustikgitarrenpart. Außerdem wird dieser tragende Part von einer zweiten Akustikgitarre gedoppelt, wodurch ein runder, voller Sound entsteht. Will man die Gitarre so stimmen, dass der Song genau wie auf der Aufnahme klingt, muss man die B-Saite eigentlich durch eine zweite hohe E-Saite ersetzten. Du kannst dich dem Sound allerdings annähern, indem du die B-Saite auf ein tieferes E *herunter*stimmst. Das klingt zwar nicht ganz wie auf der CD, aber trotzdem klasse. Da die betreffende Saite während des ganzen Songs nicht gegriffen wird, hat die Tatsache, dass sie in diesem Fall ziemlich locker gespannt ist, kaum Auswirkungen auf die Intonation. Wahrscheinlich reißt sie und haut dir mitten ins Gesicht! Wenn du Zeit hast, ist es das Beste, eine zweite hohe E-Saite aufzuziehen.

Während des gesamten Songs erklingen Leersaiten. Die Greifhand hat eigentlich nicht so viel zu tun, denn oft reicht ein einziger Finger für einen Akkord. Lehn dich also zurück und genieße die zauberhafte Stimmung!

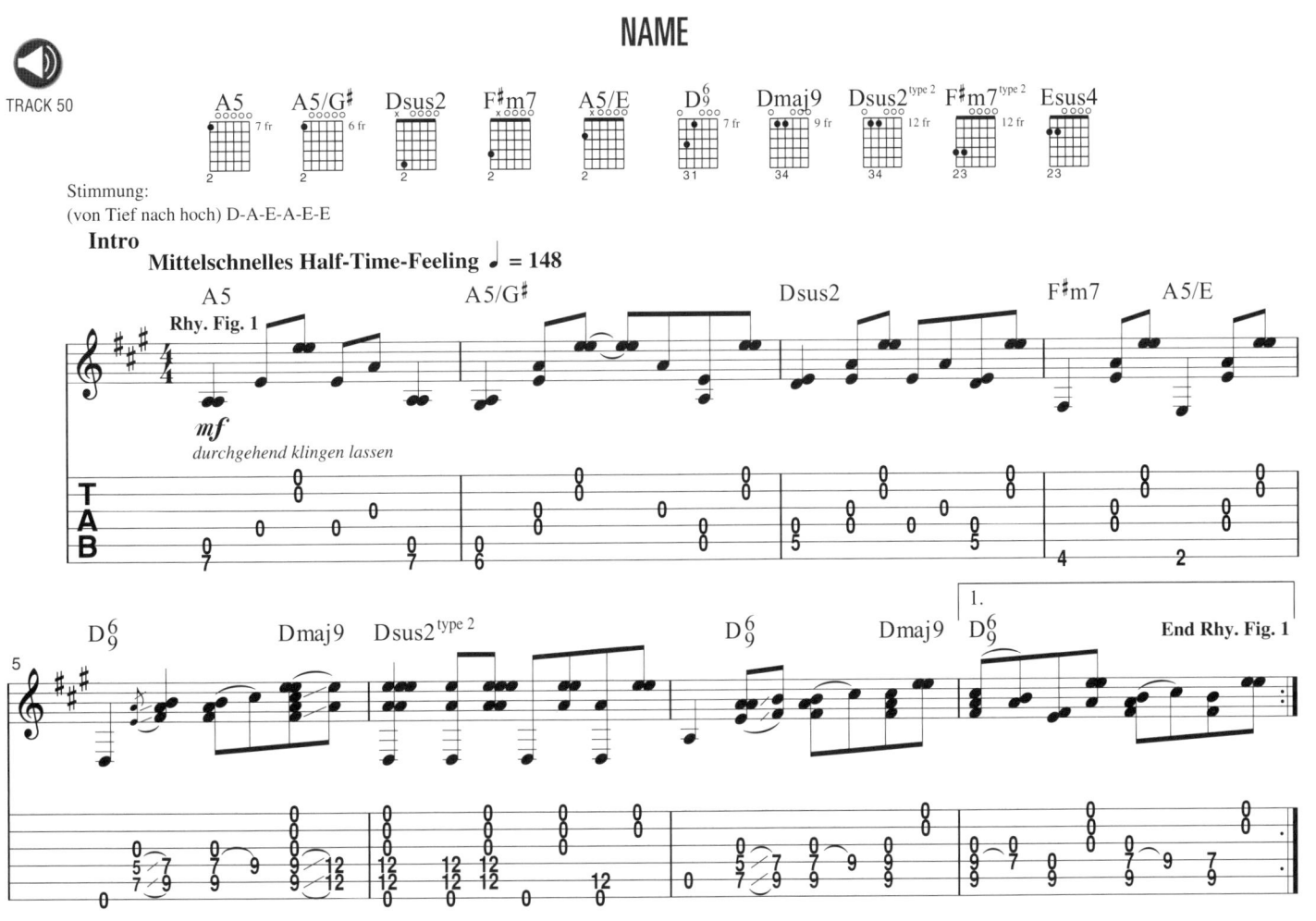

NAME

TRACK 50

Stimmung: (von Tief nach hoch) D-A-E-A-E-E

Intro
Mittelschnelles Half-Time-Feeling ♩ = 148

Words and Music by John Rzeznik
© 1995 EMI VIRGIN SONGS, INC., FULL VOLUME MUSIC and SCRAP METAL MUSIC
All Rights Controlled and Administered by EMI VIRGIN SONGS, INC.
All Rights Reserved   International Copyright Secured   Used by Permission

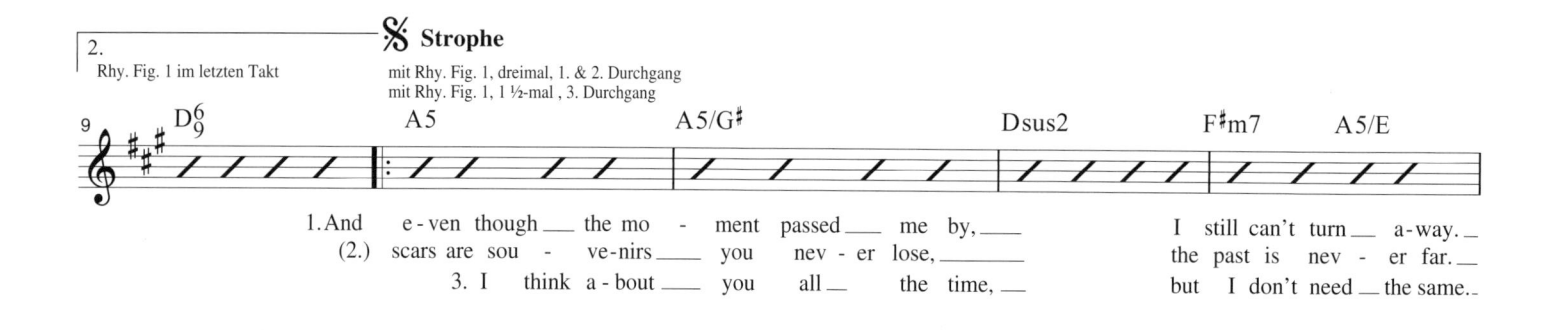

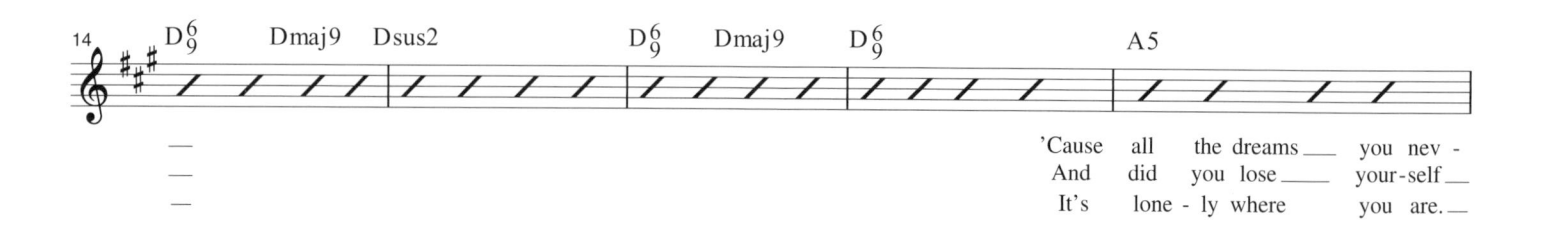

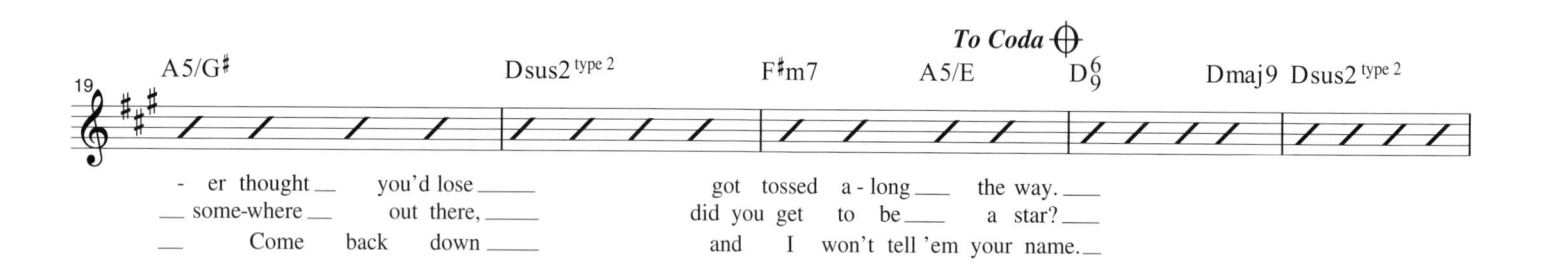

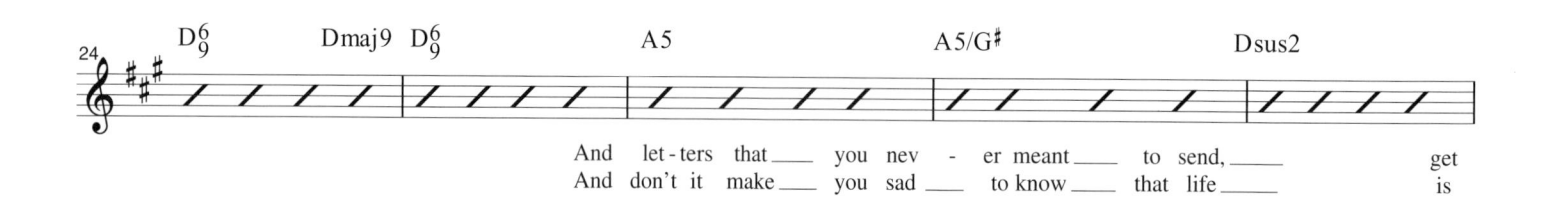

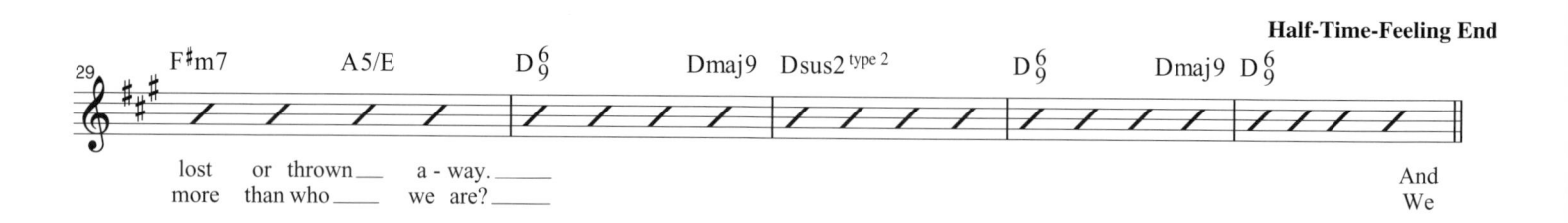

Strophe

mit Rhy. Fig. 1, dreimal, 1. & 2. Durchgang
mit Rhy. Fig. 1, 1 ½-mal, 3. Durchgang

Rhy. Fig. 1 im letzten Takt

1. And e - ven though the mo - ment passed me by, I still can't turn a - way.
(2.) scars are sou - ve - nirs you nev - er lose, the past is nev - er far.
3. I think a - bout you all the time, but I don't need the same.

'Cause all the dreams you nev -
And did you lose your - self
It's lone - ly where you are.

To Coda

- er thought you'd lose got tossed a - long the way.
some - where out there, did you get to be a star?
Come back down and I won't tell 'em your name.

And let - ters that you nev - er meant to send, get
And don't it make you sad to know that life is

Half-Time-Feeling End

lost or thrown a - way. And
more than who we are? We

Refrain

Rhy. Fig. 2

now we're grown up or - phans that nev - er knew their names. We
grew up way too fast and now there's noth - in' to be - lieve.

Rhy. Fig. 2 Ende

42

mit Rhy. Fig. 2, 2 ½-mal
F♯m7 type 2
Esus4
Dsus2
don't be - long to no one, that's a shame. But if
Re - runs all be - come our his - to - ry. A
F♯m7 type 2
Esus4
Dsus
you could hide be - side me may - be for a - while. And
ti - red song keeps play - in' on a ti - red ra - di - o.
F♯m7 type 2
Esus4
D
open
Gtr. 1
I won't tell no one your name. And I won't tell 'em your
Half-Time-Feeling
mit Rhy. Fig. 1
A5
6
D6/9
mit Rhy. Fig. 1
A
A5/G♯
Dsus2
name. 2. And Mmm, mmm, mmm.
Half-Time-Feeling End
F♯m7
A5/E
D6/9
Dmaj9
Dsus2 type 2
D6/9
Dmaj9
D6/9
I won't tell 'em your name. Ow!
Gitarrensolo
1.-5.
F♯m7
E sus4
Dsus2
6.
D
D.S. al Coda
Coda
D
Dmaj9
A5

KAPITEL 5: COUNTRY & BLUEGRASS

Jetzt schauen wir uns ein paar charakteristische Elemente von Country- und Bluegrass-Musik an. Zwar sind beide Genres der traditionellen Musik zuzurechnen und verfügen über viele Gemeinsamkeiten, doch jedes hat auch seine Eigenheiten. In diesem Kapitel untersuchen wir die Schlüsseleigenschaften und nehmen uns eine Reihe Riffs aus beiden Richtungen vor.

COUNTRY

Die Akustikgitarre spielt in der Geschichte der Countrymusik seit jeher eine große Rolle, und sie fungiert in zahllosen Hits – neben dem Klavier – als wichtigstes Rhythmusinstrument. Da sich Countrymusik immer wieder mit Rock und Pop mischt, macht sich auch die E-Gitarre zunehmend bemerkbar, aber es scheint höchst unwahrscheinlich, dass die akustische je aus der Country-Welt verbannt würde. Noch in jüngerer Zeit hat ihre Beliebtheit durch die Dixie Chicks, Alison Kraus und viele andere wieder einen Schub erfahren, sodass ihre Zukunft rosig aussehen dürfte.

Balladenschlagmuster

Eine in der Countrymusik verbreitete Begleitung ist das klassische Schlagmuster für Balladen. In diesem Stil wechseln sich Basstöne auf den tiefen Saiten mit Akkorden auf den höheren ab. Der Bass wechselt in der Regel zwischen Grundton und Quinte. (Ähnliches haben wir schon beim *Travis Picking* beobachtet.) Diese Technik kann an einer einzelnen Akustikgitarre für eine vollwertige Begleitung sorgen, die sich den Rollen von Akustikgitarre und Bass in Band-Arrangements annähert und beide in sich vereint.

TRACK 51

Und hier eine leichte Variation dieses Patterns.

TRACK 52

44

Diese Kombination aus Basston und Akkord kann auch auf einen Walzer-Takt angewendet werden, was bei Balladen sehr verbreitet ist.

TRACK 53

Die folgenden Beispiele sind wahre Country-Klassiker.

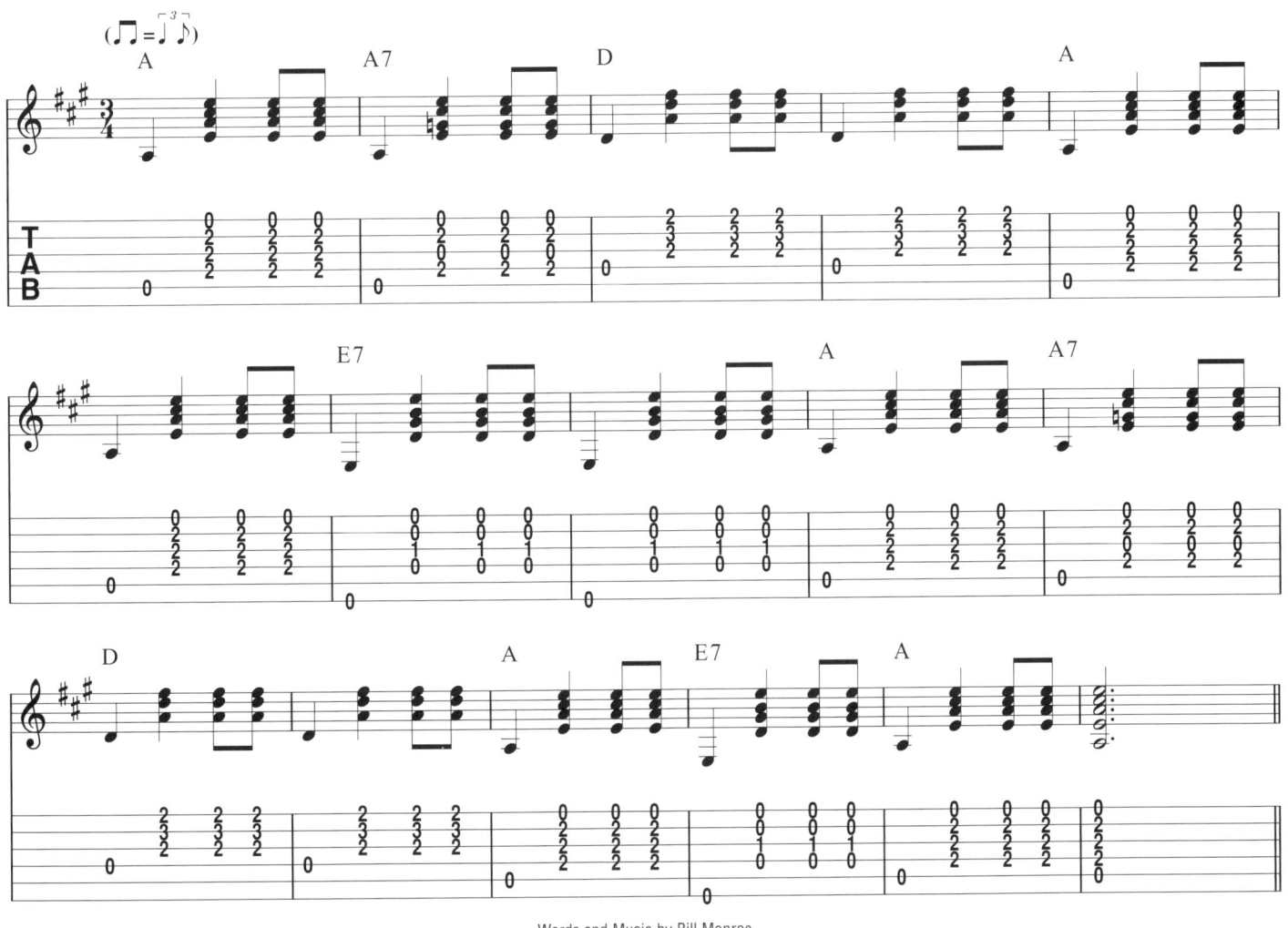

BLUE MOON OF KENTUCKY

Words and Music by Bill Monroe
Copyright © 1947 by Peer International Corporation
Copyright Renewed
International Copyright Secured   All Rights Reserved

45

I'LL FLY AWAY

Words and Music by Albert E. Brumley
© Copyright 1932 in "Wonderful Message" by Hartford Music Co.
Renewed 1960 Albert E. Brumley & Sons (SESAC)/admin. by ICG
All Rights Reserved   Used by Permission

BLUEGRASS

Wenngleich die Grenze zwischen Bluegrass und Country oft fließend verläuft, müssen doch zumindest zwei Eigenschaften des Bluegrass herausgestellt werden. Die eine ist sein Tempo. Bluegrass wird meistens ziemlich flott gespielt und erfordert daher ein recht hohes Maß an Genauigkeit. Wenn du die Kunst, in offener Lage zu spielen, noch nicht beherrschst, dann bekommst du beim Bluegrass eine Menge Übung darin. Die andere Eigenschaft ist der sogenannte *Flatpicking*-Stil. Während das Country-genre heute fast ausschließlich durch Gesang bestimmt ist, stehen bei einem großen Teil des Bluegrass immer noch Gitarren (und Mandolinen) im Vordergrund, die in Instrumentalstücken die Melodie spielen. Diese Stücke sind wie gesagt oft schnell, und es bedarf einiges an Übung, um sie im richtigen Tempo spielen zu können.

Rhythmus

Die im Bluegrass verbreiteten Rhythmusfiguren ähneln sehr dem Bass/Akkord-Stil, den wir gerade im Kapitel „Country" gelernt haben. Außerdem sind Verzierungen durch Hammer-ons und Walking-Bass-Figuren in Bluegrass-Rhythmen sehr verbreitet. Schauen wir uns ein typisches Bluegrass-Rhythmuspattern an. Beachte das typische Hammer-on auf der Drei, mit dem aus einem Sus2- ein Dur-Akkord wird.

TRACK 54

„This Land Is Your Land" von Woody Guthrie hat ein wunderbares Bluegrass-Rhythmuspattern.

THIS LAND IS YOUR LAND

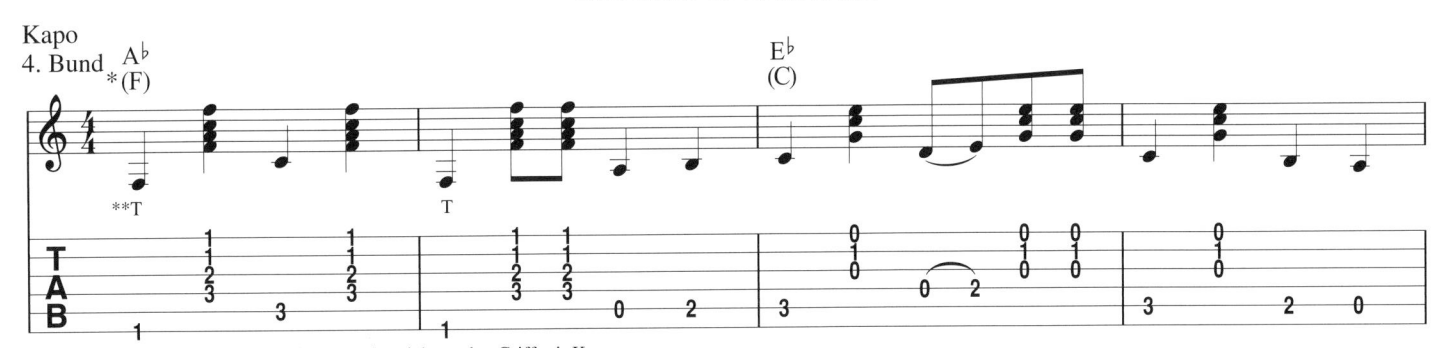

*Akkordsymbole in Klammern bezeichnen den Griff mit Kapo.
Symbole darüber geben an, welcher Akkord dabei erklingt. In der Tabulatur ist „0" der Bund mit Kapo.
**T = Daumen (engl. Thumb) auf der tiefen E-Saite

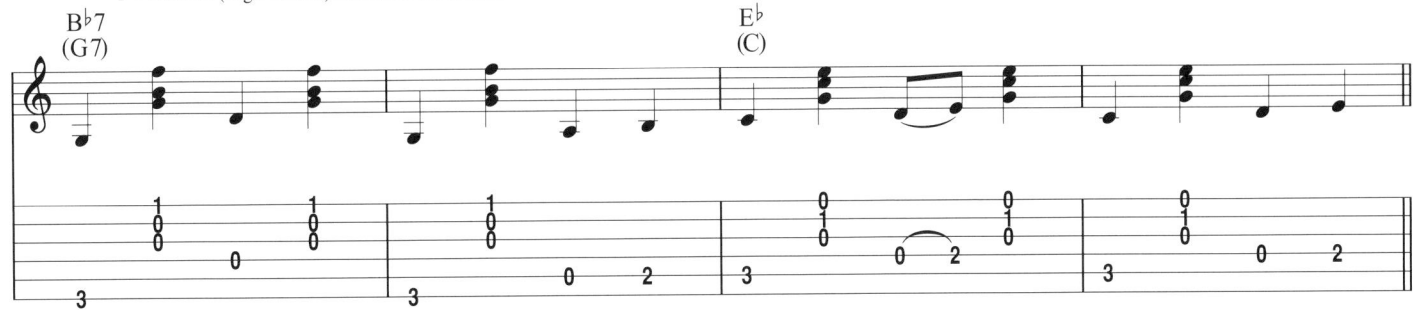

Words and Music by Woody Guthrie
TRO - © Copyright 1956 (Renewed), 1958 (Renewed), 1970 (Renewed) and 1972 (Renewed) Ludlow Music, Inc., New York, NY
International Copyright Secured
All Rights Reserved Including Public Performance For Profit
Used by Permission

Flatpicking

Falls du dich über den Begriff „Flatpicking" wunderst: Ein *flatpick* ist nichts anderes als ein gewöhnliches Plektrum. Das Wort bezeichnet ursprünglich ein „flaches" Plektrum im Gegensatz zum Daumenpick, das in der Frühzeit von Country und Bluegrass viel weiter verbreitet war als heute. Heute bezeichnet Flatpicking das schnelle Melodiespiel in offener Lage mit einem normalen Plektrum. Das soll nicht heißen, dass sich *flatpicker* nie aus dieser Lage entfernen, doch die Melodien sind oft rund um Töne auf den Leersaiten arrangiert, da ihr Klang für den Stil eine bedeutende Rolle spielt.

Schauen wir uns ein paar Dur-Skalen mit Fingersatz in der offenen Lage an, und zwar für die beim Flatpicking verbreitetsten Tonarten: C-Dur, G-Dur und D-Dur.

C-Dur

D-Dur

G-Dur

47

Um Melodien im Flatpicking-Stil in dessen typischem Tempo spielen zu können, musst du dich mit solchen Skalen vertraut machen. Hier sind ein paar Übungen, die dir dabei helfen, in jeder der drei genannten Tonarten flüssig spielen zu können. Achte darauf, die Achtelfiguren immer in Wechselschlägen zu spielen, und zwar jeden Grundschlag als Abschlag und jeden Offbeat als Aufschlag.

Kommen wir nun zu einer Reihe Stücke im Flatpicking-Stil. Sie eignen sich gut als Solostücke, klingen aber auch klasse, wenn du dich von einem Freund mit Akkorden begleiten lässt. Denk immer daran, Grundschläge als Abschlag und Offbeats als Aufschlag zu spielen. Wenn du wissen willst, wie dieser Stil klingen soll, hör dir mal Doc Watson, Norman Blake oder Clarence White an.

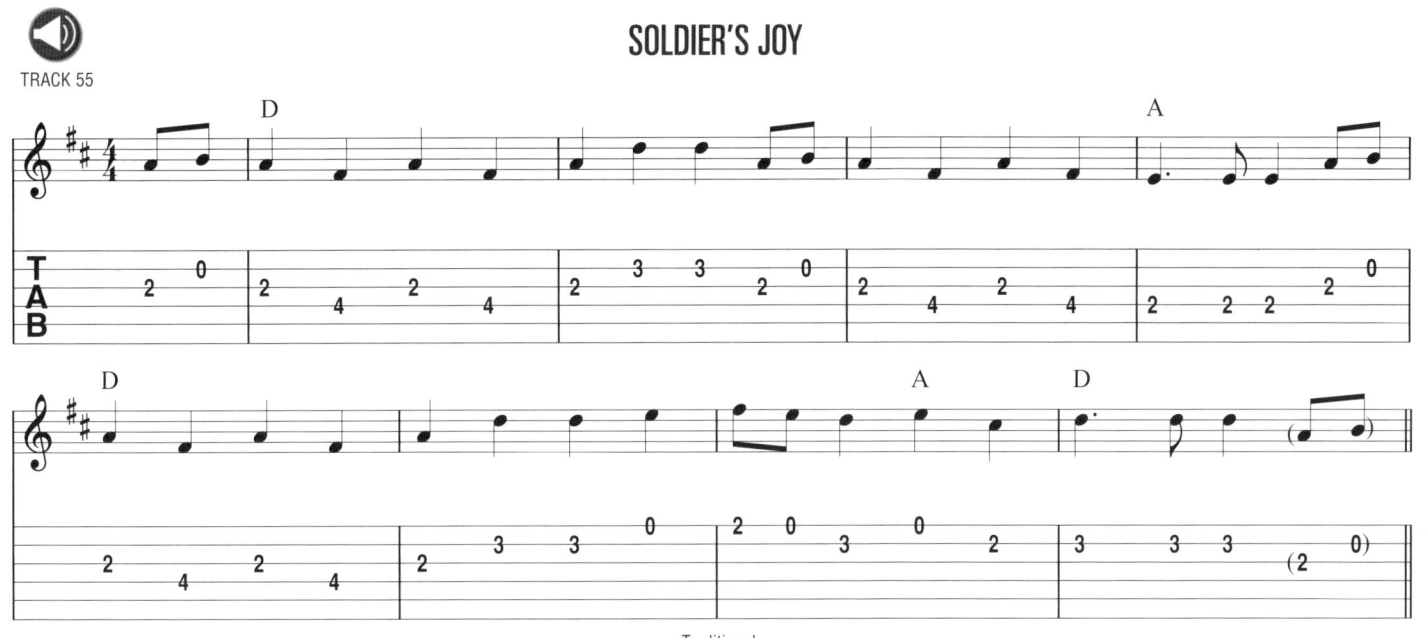

SOLDIER'S JOY

TRACK 55

Traditional
Copyright © 2004 by HAL LEONARD CORPORATION
International Copyright Secured   All Rights Reserved

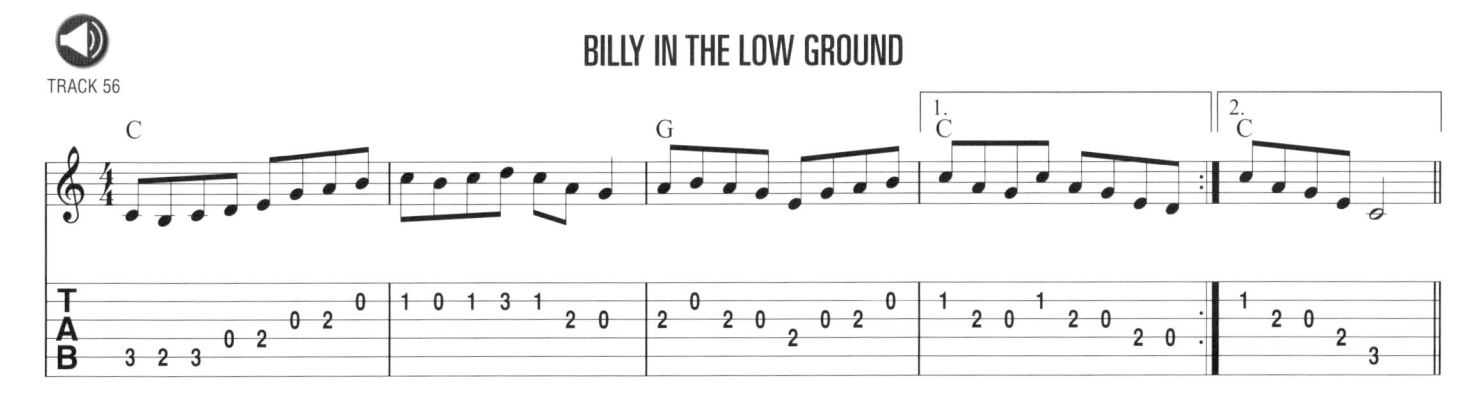

BILLY IN THE LOW GROUND

TRACK 56

Traditional
Copyright © 2004 by HAL LEONARD CORPORATION
International Copyright Secured   All Rights ReservedAll Rights Reserved   Used by Permission

WHISKEY BEFORE BREAKFAST

TRACK 57

Old Time
Copyright © 2004 by HAL LEONARD CORPORATION
International Copyright Secured   All Rights Reserved

BLACKBERRY BLOSSOM

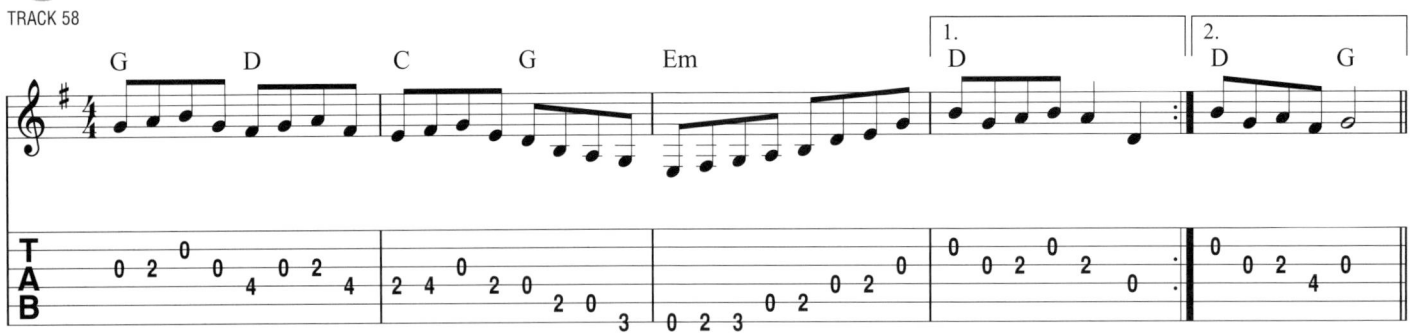

TRACK 58

Traditional
Copyright © 2004 by HAL LEONARD CORPORATION
International Copyright Secured   All Rights Reserved

JAM SESSION

Die Carter Family ist ohne Zweifel eine der einflussreichsten Bands in der Geschichte der Country- und Bluegrass-Musik. Sie gehörte neben Jimmy Rodgers zu den ersten, die Superstars dieser Musikrichtung wurden. A. P. Carter, der Patriarch der Familie, sammelte und arrangierte Hunderte Folksongs aus Großbritannien und den Appalachen. Mit Aufnahmen von mehr als 300 Songs schuf die Carter Family die Grundlage dessen, was man während der kommenden 50 Jahre unter „Bluegrass" verstehen sollte. Ihr Stil, der mit ihrer wachsenden Popularität in den 30er Jahren als „Carter Picking" bekannt wurde, zeichnet auch das Stück „Wildwood Flower" aus. Das Tempo ist hier ziemlich stramm, also solltest du die Bass/Akkord-Technik schon gut beherrschen, ehe du diesen Song angehst. Achte auch darauf, dass die Basslinie im Intro schön hervortritt.

WILDWOOD FLOWER

TRACK 59

Intro
Flotter Country-Twobeat $\quad \bullet = 220$

Schlagmuster beibehalten

Words and Music by A.P. Carter
Copyright © 1935 by Peer International Corporation
Copyright Renewed
International Copyright Secured   All Rights Reserved

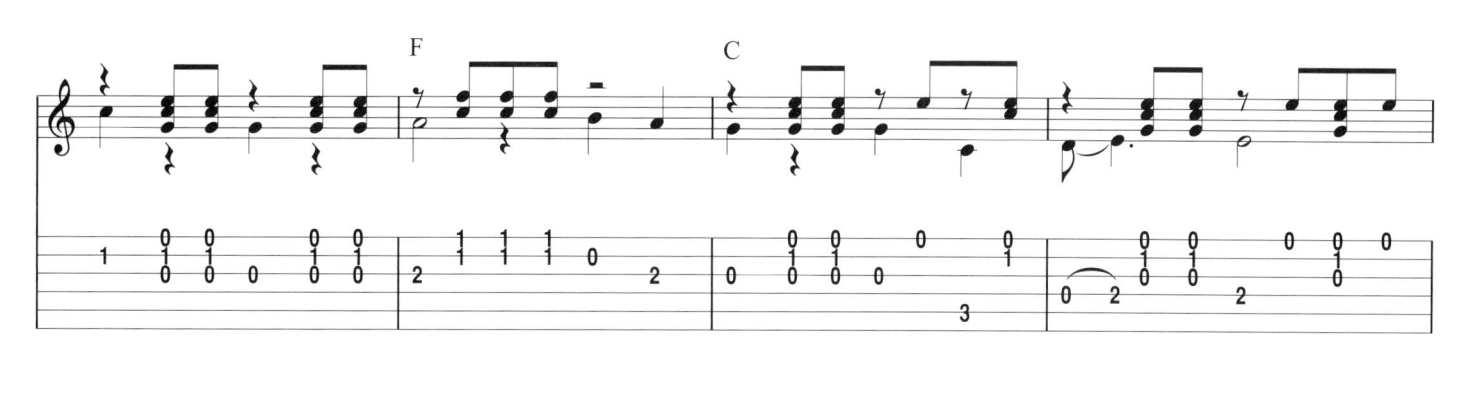

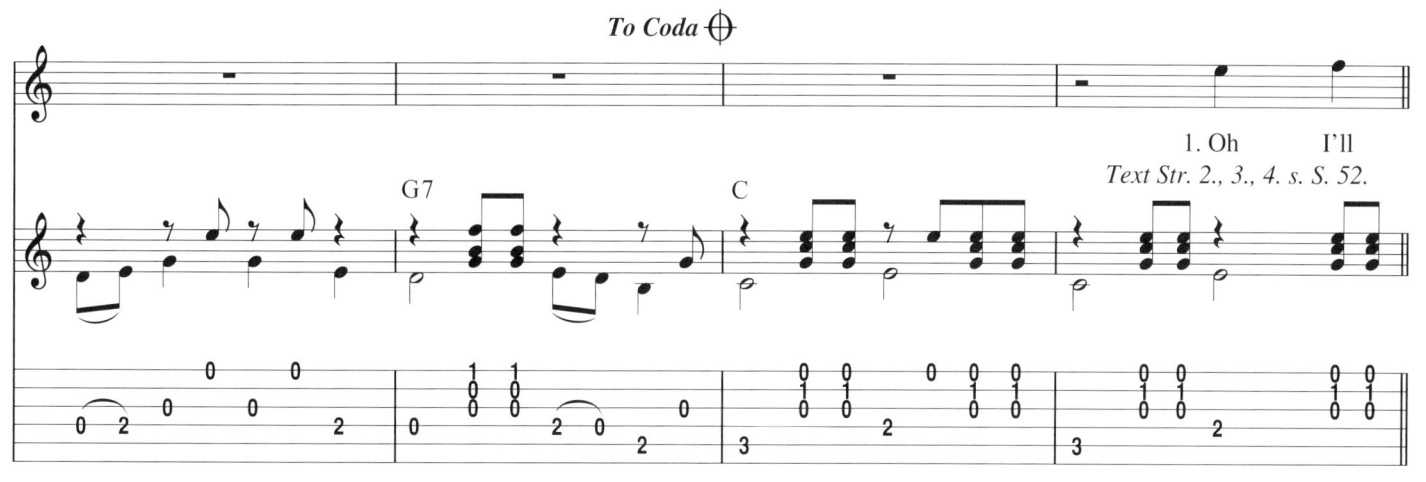

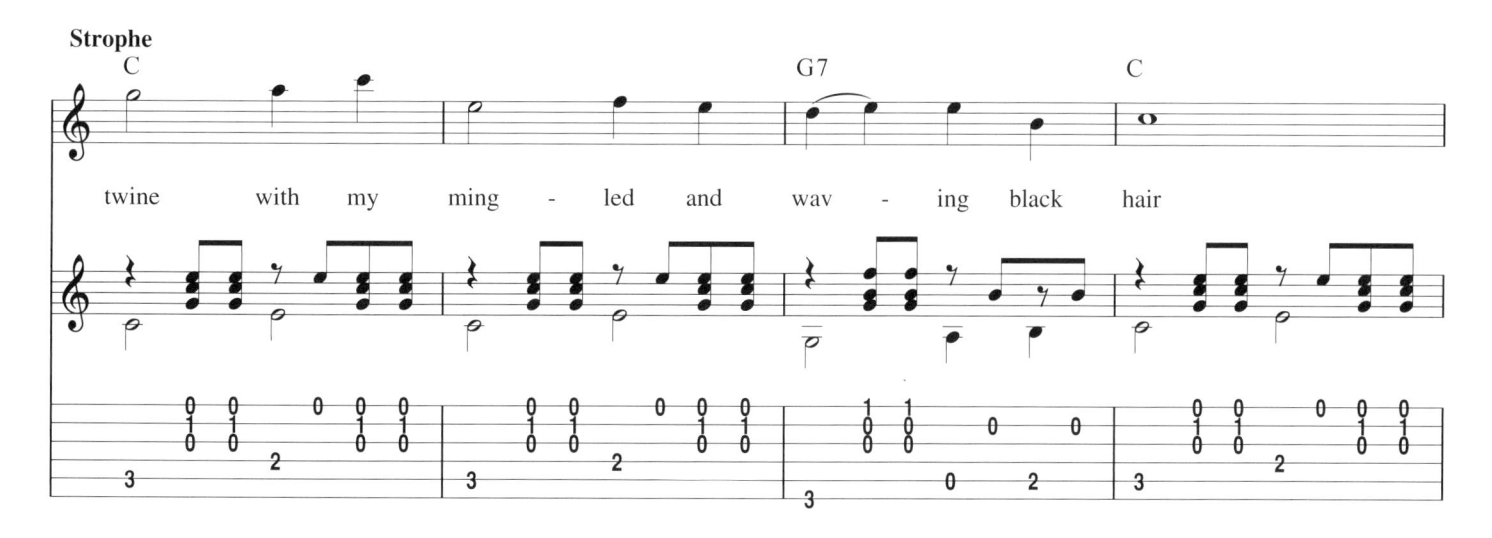

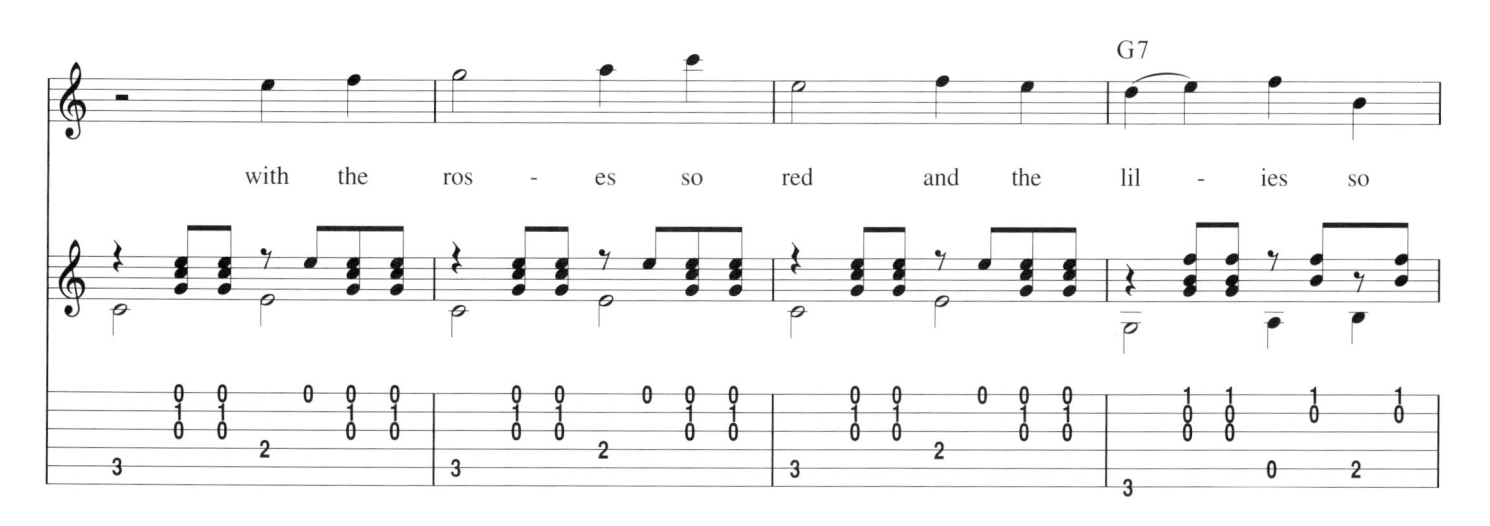

To Coda ⊕

1. Oh I'll
Text Str. 2., 3., 4. s. S. 52.

Strophe

twine with my min- gled and wav- ing black hair

with the ros- es so red and the lil- ies so

Weitere Strophen

2. I will dance, I will sing and my life shall be gay.
   I will charm ev'ry heart, in his crown I will sway.
   When I woke from dreaming, my idols was clay.
   All portion of love had all flown away.

3. Oh, he taught me to love him and promised to love,
   And to cherish me over all others above.
   How my heart is now wond'ring, no misery can tell.
   He's left me no warning, no words of farewell.

4. Oh, he taught me to love him and called me his flower,
   That's blooming to cheer him through life's dreary hour.
   Oh, I long to see him and regret the dark hour.
   He's won and neglected this pale wildwood flower.

KAPITEL 6: BLUES- UND SLIDE-GITARRE

Heute ist die Gitarre ohne Frage das Instrument des Blues schlechthin – vor allem die E-Gitarre. Doch ehe Stevie Ray sich am Hals seiner No.1-Strat abarbeitete oder B. B. King seine „Lucille" so herzzerreißend seufzen ließ, waren Bluesgitarristen wie Son House, Skip James und Robert Johnson bereits Meister der Kunst und ließen ihre Akustikgitarren heulen. Da Bendings auf Akustikgitarren früher kaum spielbar waren, kam häufig ein Bottleneck zum Einsatz, um die Singstimme zu imitieren, in Töne hereinzurutschen oder sie zu „ziehen".

Man kann den Bottleneck oder Slide zwar auch bei Standardstimmung verwenden, aber er wird viel häufiger im Zusammenhang mit alternativen Stimmungen eingesetzt – vor allem im Blues. Die bei Weitem üblichste Stimmung ist dabei *Open G*, da dabei die Töne am praktischsten angeordnet sind. Stimmen wir die Gitarre also um und spielen ein bisschen Blues! Wenn du nicht mehr weißt, wie das Umstimmen geht, findest du die Anleitung im Kapitel „Alternative Stimmungen". Anmerkung: Auch *Open A* kommt häufig vor, aber da sich beide Stimmungen in den Intervallen zwischen den Saiten entsprechen (bei *Open A* sind einfach alle einen Ganzton höher gestimmt), werfen wir hier nur einen Blick auf *Open G*.

BLUES BASICS

Um Blues spielen zu können, müssen wir zunächst die Grundlagen des Genres kennenlernen. Wenn du mit dem Blues schon vertraut bist, überspringe diese Erklärungen ruhig. Falls nicht, kannst du hier dein Wissen ergänzen.

Form

Blues wird in der Regel in einer zwölftaktigen Form gespielt, die aus Akkorden der folgenden Stufen einer Tonart aufgebaut ist: der Tonika, der Subdominante und der Dominante. In G-Dur sind das G, C und D. Zu den Elementen des typischen Blues-Sounds gehören seine Harmonien: alle drei Akkorde sind Dominant-Septakkorde. Hier ist ein ganz einfacher Zwölftakt-Blues in G notiert. Es gibt eine ganze Reihe Varianten dieser Form, aber die meisten entfernen sich nur leicht von dem abgebildeten Beispiel.

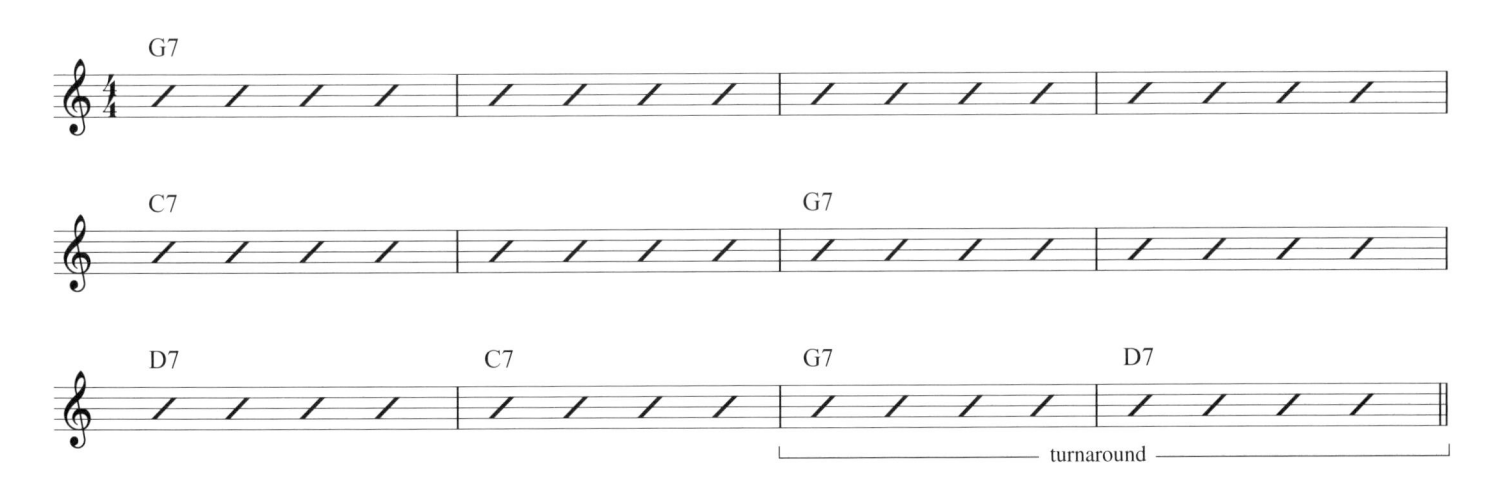

Falls du dich schon mal in irgendeiner Form mit Musiktheorie beschäftigt hast, hast du vielleicht gelernt, dass die Tonika (die I. Stufe der Tonleiter) normalerweise nicht als Dominant-Septakkord gespielt wird, und die Subdominante auch nicht. Der einzige Akkord, der im diatonischen System als Dominant-Septakkord existiert, ist der auf der Dominante (der V. Stufe). Ja, der Bestandteil „Dominant" des Begriffs bezieht sich auf die fünfte Stufe der Tonleiter, ebenso wie Tonika die erste Stufe bezeichnet. Im Blues spielt das jedoch keine Rolle. Alle Akkorde sind Septakkorde, und doch erfüllen sie ihre Funktion wie in einer diatonischen Umgebung.

Turnaround

Der Begriff „Turnaround" beschreibt die letzten beiden Takte des Bluesschemas – dort, wo es sich wieder dem Anfang „zuwendet". Auch hier gibt es eine Vielzahl Varianten und sogar noch mehr Turnaround-Licks. Wir werden gleich ein paar lernen.

Skalen

Die meisten Licks und Riffs des Blues leiten sich aus einer von vier unterschiedlichen Tonleitern ab: der pentatonischen Molltonleiter, der Bluestonleiter, der pentatonischen Durtonleiter und der modalen Tonleiter Mixolydisch. Bei diesem Thema kann es schnell ziemlich haarig zugehen und eine detaillierte Erläuterung würde den Rahmen dieses Buchs sprengen. Aber werfen wir doch einen kurzen Blick auf die Skalen, die man über jeden dieser Akkorde spielen kann.

- Über den Akkord auf der Tonika (G7) werden in der Regel folgende Skalen verwendet: die pentatonische g-Moll-Tonleiter (G-B♭-C-D-F), die Bluestonleiter in G (G-B♭-C-D♭-D-F), die pentatonische G-Dur-Tonleiter (G-A-B-D-E) und G mixolydisch (G-A-B-C-D-E-F). Beachte, dass die Bluestonleiter sich nur durch einen Ton von pentatonisch Moll unterscheidet: das D♭ – die verminderte V. Stufe – kommt hinzu.

- Die pentatonische g-Moll- und die Bluesskala in G können außerdem über die gesamte Akkordfolge (Tonika, Subdominante und Dominante) gespielt werden

- Zu den anderen verbreitet über den Subdominant-Akkord (C7) gespielten Skalen gehören die pentatonische C-Dur-Tonleiter (C-D-E-G-A) und C mixolydisch (C-D-E-F-G-A-B).

- Weitere Skalen, die man oft über den Dominant-Akkord (D7) spielt, sind die pentatonische D-Dur-Tonleiter (D-E-F#-A-B) und D mixolydisch (D-E-F#-G-A-B-C).

In der Praxis werden diese Tonleitern in der Regel miteinander kombiniert und in den verschiedensten Lagen auf dem Griffbrett gespielt. In den Beispielen dieses Kapitels wird das noch ersichtlich. Da du jetzt ein Grundverständnis für den Blues bekommen hast, können wir tiefer einsteigen!

BOTTLENECK-BASICS

Es gibt eine ganze Menge unterschiedlicher Bottleneck-Typen, aber die meisten sind entweder aus Metall oder Glas. Ihr Klang ist leicht unterschiedlich, daher ist es ratsam, sich von jeder Sorte einen zu kaufen, um herauszufinden, was dir besser gefällt. Man bekommt sie in der Regel für unter 10 Euro.

Als erstes musst du dich entscheiden, auf welchen Finger du den Bottleneck stecken möchtest. Am beliebtesten ist offenbar der kleine, denn so bleiben die drei kräftigsten Finger zum Greifen frei. Gleichwohl bevorzugen einige Leute den Mittelfinger und manche nehmen auch den Ringfinger. Das nächste wichtige Thema beim Slide-Spiel ist die Intonation. Damit der Ton stimmt, muss der Bottleneck genau über dem entsprechenden Bundstäbchen liegen – und nicht dahinter, wo man normalerweise greifen würde. Läge der Bottleneck hinter dem Bundstäbchen auf der Saite, wäre der Ton immer etwas zu tief. An dieser Spielweise muss man sich zuerst ein bisschen gewöhnen, aber schon bald geht sie einem in Fleisch und Blut über.

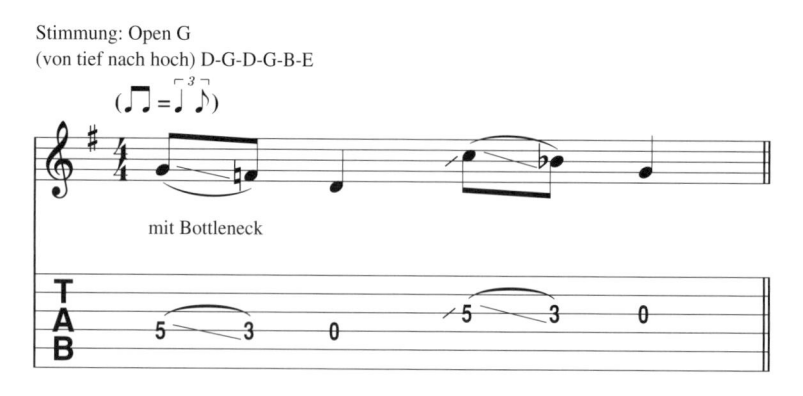

TRACK 60

Stimmung: Open G
(von tief nach hoch) D-G-D-G-B-E

Probieren wir mal ein paar einfache Slide-Riffs aus, um uns an die Technik zu gewöhnen. Alle stehen in G-Dur.

Hast du bemerkt, dass bei diesem Lick noch eine Menge Krach im Spiel war? Hast du die Saiten mit den Fingern angeschlagen? Die meisten Slide-Spieler nehmen nämlich am liebsten die Finger, weil ihnen dann etwas anderes viel leichter fällt, nämlich das *Dämpfen*. Beim Slidespiel müssen die Saiten, die gerade nicht gespielt werden, abgedämpft werden, da sonst der Bottleneck Nebengeräusche erzeugt. In der Regel dämpft der Handballen die tieferen Saiten, während sich die Finger um die höheren kümmern. Ich zupfe beispielsweise das erste G im obigen Beispiel mit dem Zeigefinger. Dabei liegt mein Handballen auf der tiefen E-Saite, der Daumen ruht auf der A-Saite, und Mittel-, Ring- und kleiner Finger stoppen die obersten drei Saiten. Wenn du das gleich zu Anfang richtig trainierst, machst du auch das später ganz von selbst.

Probieren wir jetzt noch ein paar weitere Slide-Melodien aus. Achte darauf, dass du die Töne sauber triffst. Vielleicht nimmst du dir einfach einen G-Dur-Akkord vor oder bittest einen Freund, dich zu begleiten, damit du deine Intonation überprüfen kannst.

TRACK 61

Beim folgenden Lick wird der letzte Ton mit Vibrato gespielt. Mit dem Bottleneck wird ein Vibrato als horizontale Hin-und-Her-Bewegung entlang der Saite umgesetzt. Je weiter man sich dabei von der Ausgangsposition entfernt, desto stärker wird natürlich auch das Vibrato.

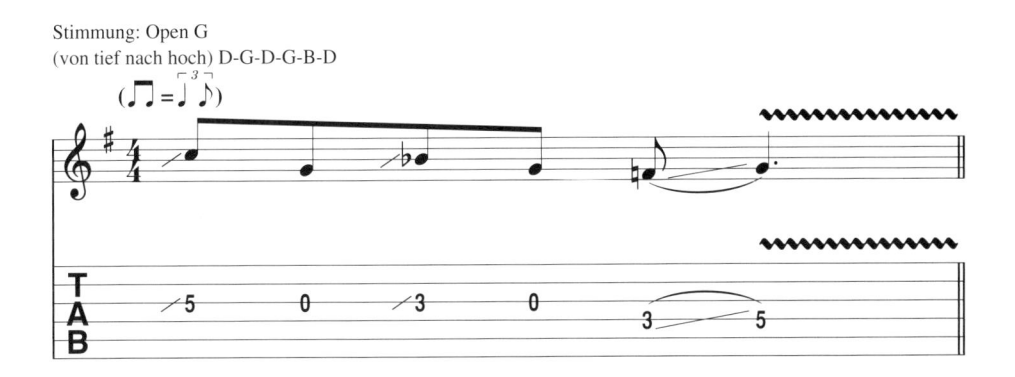

TRACK 62

RHYTHMUSPATTERNS

Jetzt sehen wir uns an, in welchem Rhythmus man den Akkord auf der Tonika (G) spielen kann. Wir beginnen mit dem Blues-Rhythmus schlechthin: dem Boogie-Pattern. Du erkennst gleich, wie einfach es in *Open G* ist. Zur rechten Hand: Probier mal, beide Töne mit dem Daumen anzuschlagen oder sie mit Daumen und Zeigefinger zu zupfen. Außerdem kannst du es mit einem Daumenpick und den Fingern versuchen.

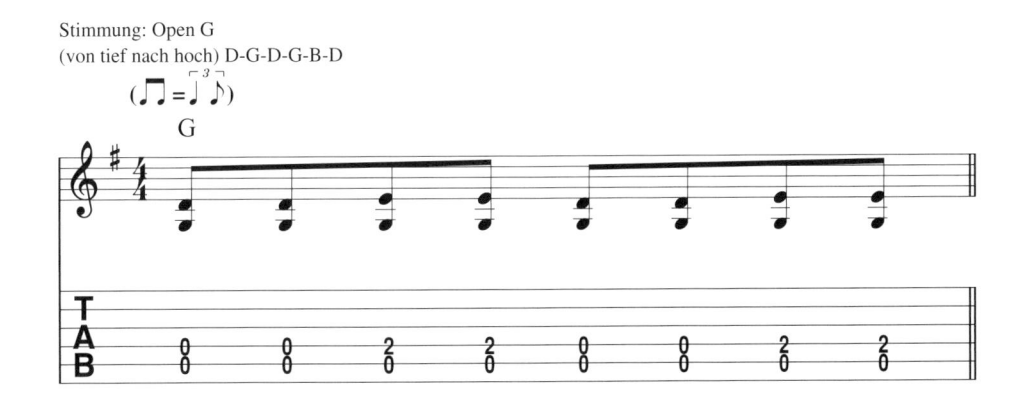

Das Boogie-Pattern wird in Strophenteilen oft sogar noch weiter vereinfacht – rhythmisch und/oder auch harmonisch. Weiter unten schauen wir uns eine Reihe Beispiele typischer Rhythmuspatterns an, die dir über den Weg laufen werden. Die Mollterz (hier B♭) taucht im Blues oft auf, sogar über dem entsprechenden Dur-Akkord. Diese Spannung macht viel vom besonderen Sound des Blues aus. Achte auf die Staccato-Zeichen – auch das ist wichtig für diesen Stil. Beachte außerdem, dass die Basstöne manchmal mit dem Handballen gedämpft werden P.M. von engl.: *palm muting*). Das hilft dabei, Bass und Oberstimmen hörbar voneinander zu trennen.

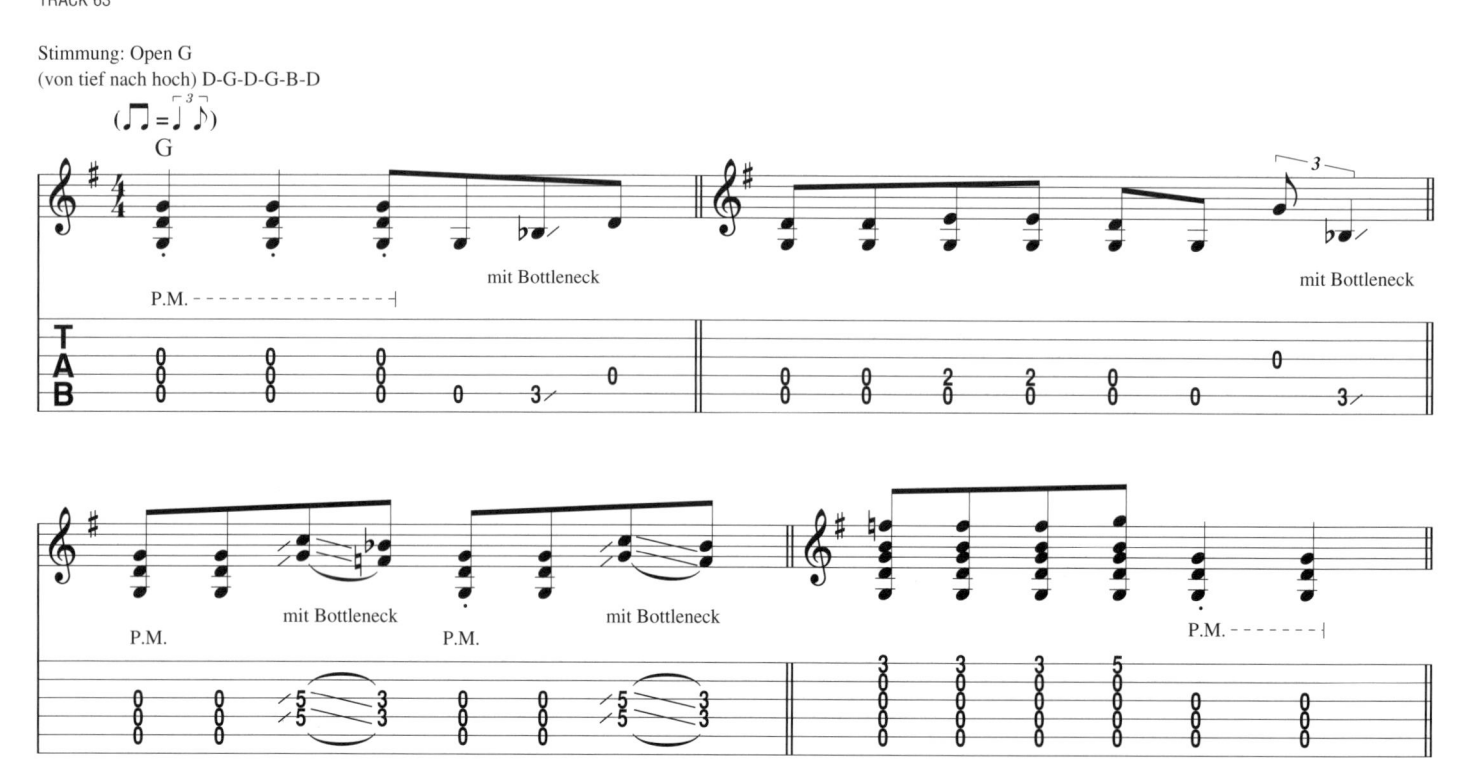

TRACK 63

Wie wir in Kapitel 4 gesehen haben, macht die *Open-G*-Stimmung eine Reihe besonderer Akkordumkehrungen möglich. Versuch mal, die folgenden Akkorde in unterschiedlichen Kombinationen ein oder zwei Takte lang zu zupfen oder zu schlagen.

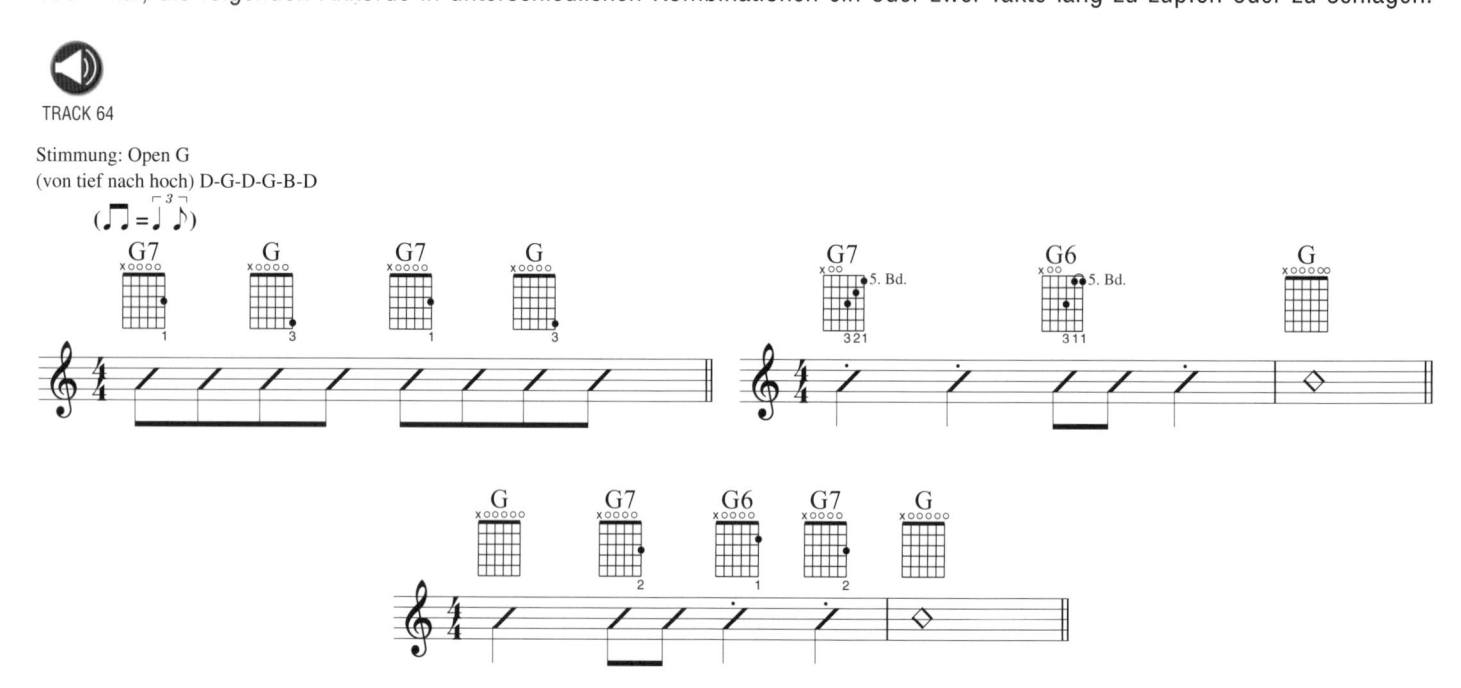

TRACK 64

Zwar lösen viele Bluesgitarristen die Akkorde der Subdominante und Dominante in Riffs auf, dennoch sind ähnliche Umkehrungen für diese Akkorde sehr nützlich (siehe Kapitel 4). Vielleicht musst du deinen Ringfinger dabei ein bisschen strecken – denk dran: An deinem kleinen Finger sitzt der Bottleneck.

56

Da du jetzt ein paar Riffs, Licks und Akkorde beherrschst, schauen wir uns doch an, wie die Profis sie einsetzen. Ich würde dir zur rechten Hand gerne klare Anweisungen geben können, aber letztlich geht hier alles nach Gusto. Versuche es mit schlagen und zupfen und finde selbst heraus, was am besten klingt. Eines ist sicher, dann nur, dass du kein übliches Plektrum verwenden solltest, wenn es authentisch klingen soll. Nimm zum Anschlagen entweder einen Daumenpick oder einfach die Fingerkuppen. So habe ich es jedenfalls gemacht.

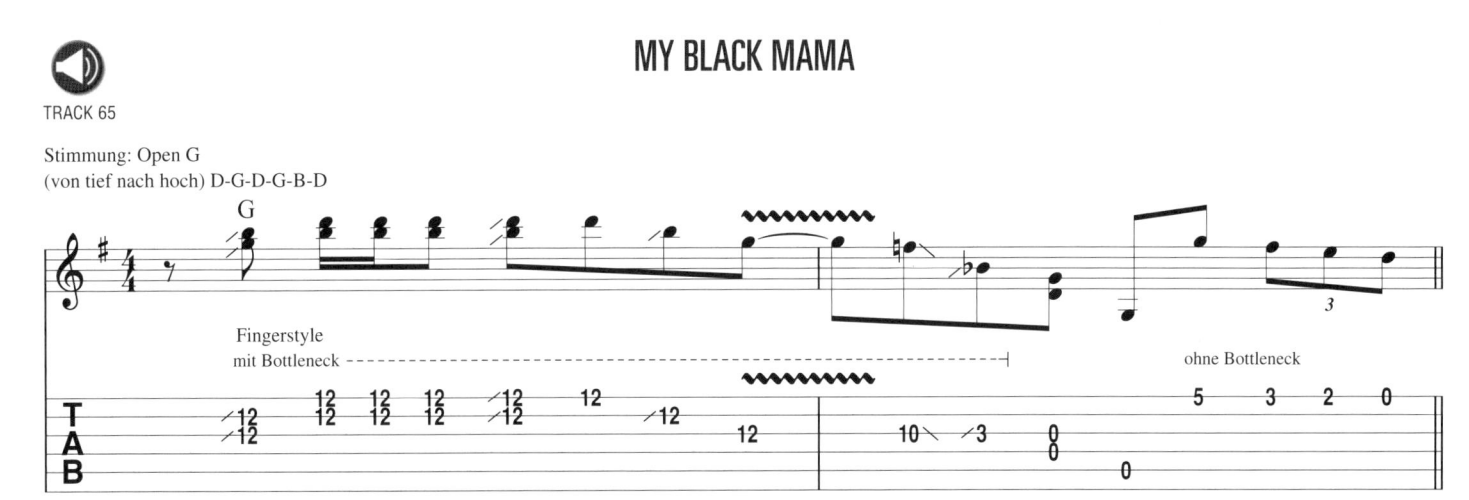

MY BLACK MAMA

TRACK 65

Stimmung: Open G
(von tief nach hoch) D-G-D-G-B-D

Written by Son House
© 1930 (Renewed 1958) SONDICK MUSIC (BMI)/Administered by BUG MUSIC
All Rights Reserved Used by Permission

COME ON IN MY KITCHEN

TRACK 66

Stimmung: Open G
(von tief nach hoch) D-G-D-G-B-D

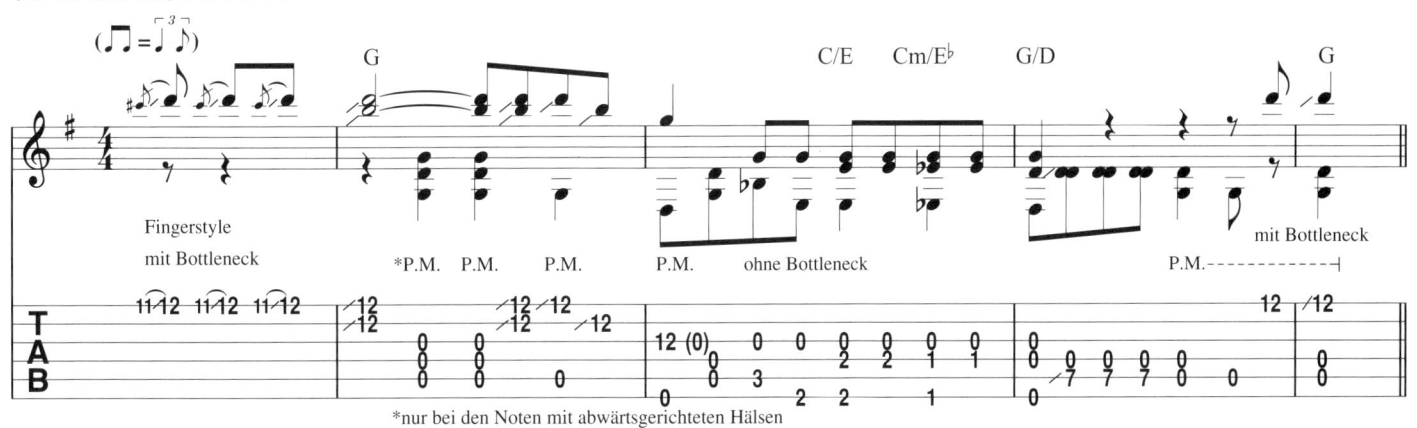

*nur bei den Noten mit abwärtsgerichteten Hälsen

Words and Music by Robert Johnson
Copyright © (1978), 1990, 1991 Lehsem II, LLC and Claud L. Johnson
Administered by Music & Media International, Inc.
International Copyright Secured   All Rights Reserved

TERRAPLANE BLUES

TRACK 67

Stimmung: Open G
(von tief nach hoch) D-G-D-G-B-D

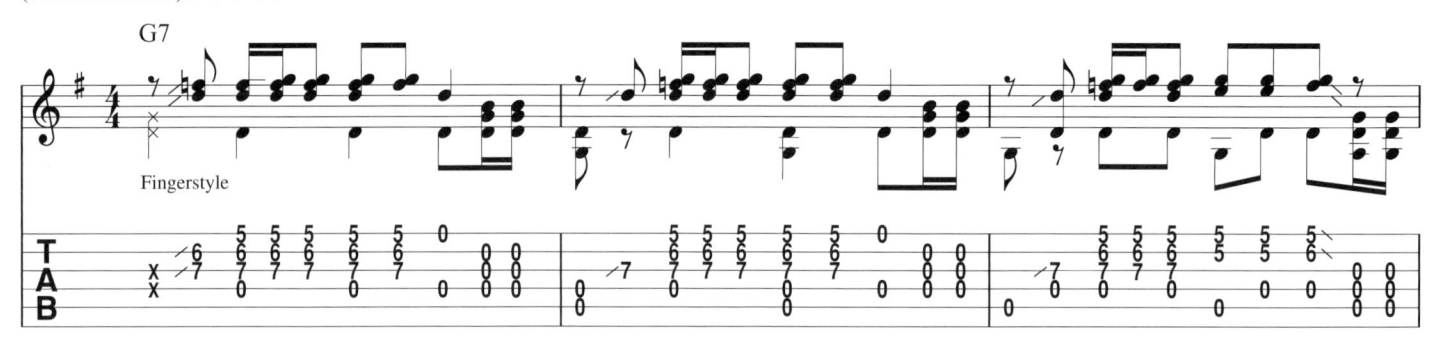

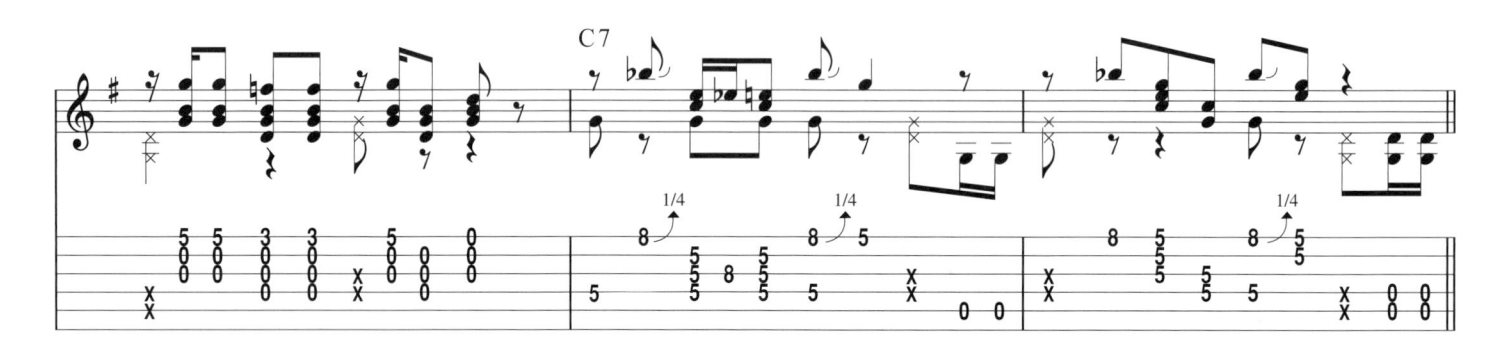

MY BLACK MAMA

Stimmung: Open G
(von tief nach hoch) D-G-D-G-B-D

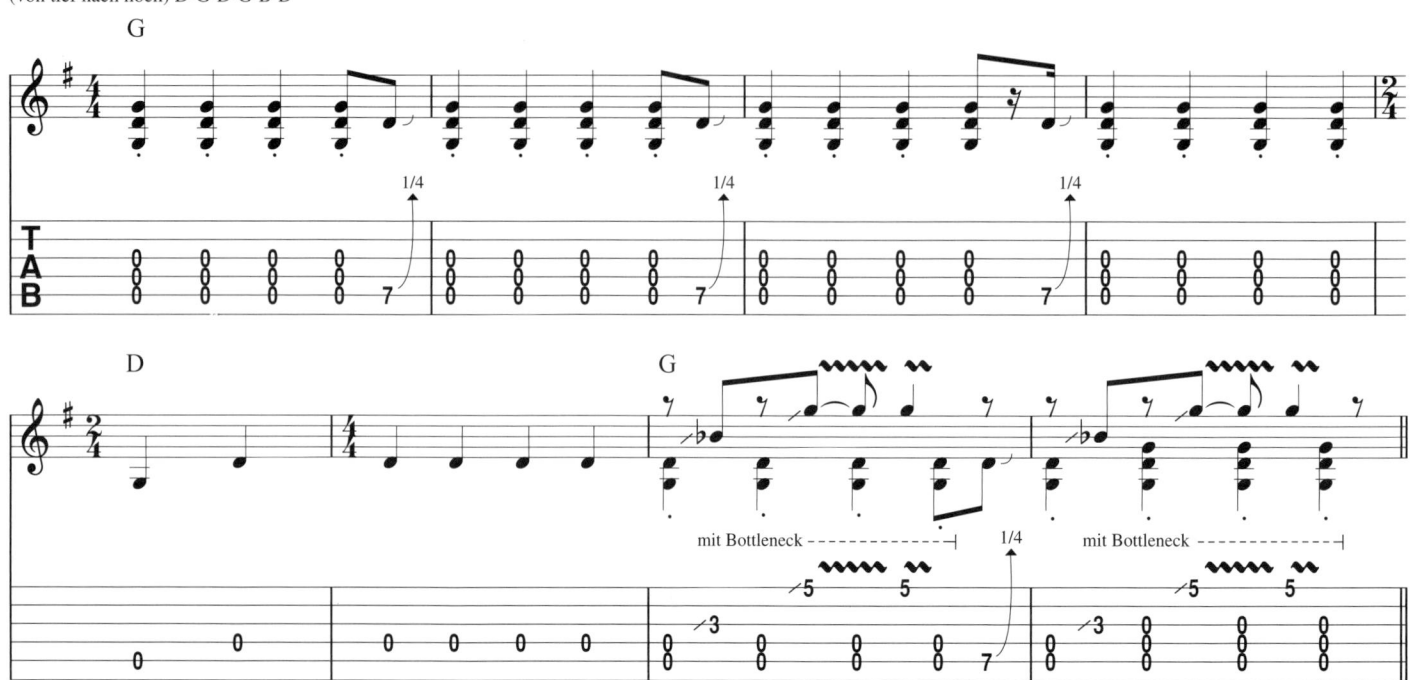

Written by Son House
© 1930 (Renewed 1958) SONDICK MUSIC (BMI)/Administered by BUG MUSIC
All Rights Reserved   Used by Permission

JAM SESSION

Wer wäre ein besserer Jampartner als der König des Deltablues höchstpersönlich? Robert Johnson hat einen unschätzbaren Beitrag zur Entwicklung des Genres geleistet, so viel lässt sich sagen. „Cross Road Blues" gehört zu den langlebigsten Klassikern und illustriert alles, was wir bislang erläutert haben, und noch einiges mehr. (Vielleicht erkennst du den Song ja, denn es gibt eine berühmte Coverversion von Eric Clapton mit Cream aus den Sechzigern.)

Ein Wort zur Form: Wir haben zwar das zwölftaktige Bluesschema an früherer Stelle erläutert, aber diesem Song liegt es nicht in Reinform zugrunde. Bluessänger der frühen Jahre dehnten oft einzelne Teile nach ihrem Geschmack aus, was sich in Phrasen mit ungerader Taktanzahl und gelegentlichen ungeraden Taktarten äußerte. Die Reihenfolge der Akkorde entspricht jedoch dem zwölftaktigen Schema. An manchen Stellen werden Akkorde lediglich länger gespielt. Hör dir den Track auf CD an, wenn du dir bei den Phrasierungen oder ungeraden Takten unsicher bist.

Andere Meister der Slide-Gitarre sind Son House oder Booker White. Wenn du eine aktuelle Meistergitarristin kennenlernen möchtest, hör dir mal was von Bonnie Raitt an. (Anmerkung: Das Original des folgenden Beispiels wurde in der *Open-G*-Stimmung mit Kapo im ersten Bund gespielt – also einen Halbton höher. Der Einfachheit halber ist es hier einfach in Open G notiert.)

TRACK 68

CROSS ROAD BLUES
(CROSSROADS)

Words and Music by Robert Johnson
Copyright © (1978), 1990, 1991 Lehsem II, LLC and Claud L. Johnson
Administered by Music & Media International, Inc.
International Copyright Secured   All Rights Reserved

C7
ohne Bottleneck
I went to the cross - road,
fell down on my knees.
G
mit Bottleneck
ohne Bottleneck
Asked the Lord a- bove,
D7
"Have mer - cy.
G
mit Bottleneck
Save poor Bob, if you please."
G7
ohne Bottleneck
G
G
mit Bottleneck
2. Mmm, stand - in' at the cross - road,
ohne Bottleneck
mit Bottleneck
I tried to flag a ride.
ohne Bottleneck

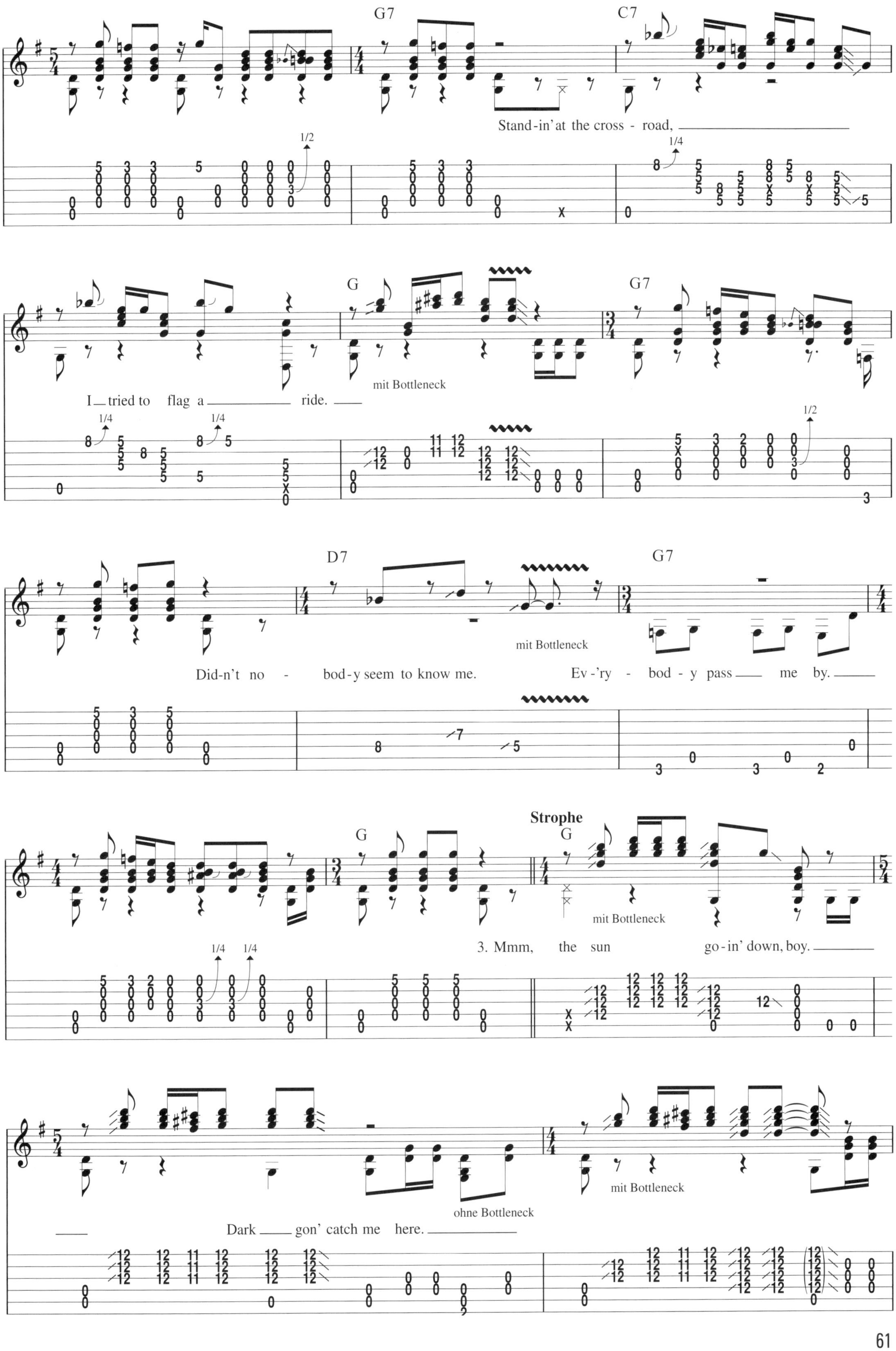
G7
C7
Stand-in' at the cross - road,
I tried to flag a ride.
G
G7
mit Bottleneck
D7
G7
Did-n't no - bod-y seem to know me.
Ev-'ry - bod - y pass me by.
mit Bottleneck
Strophe
G
G
mit Bottleneck
3. Mmm, the sun go-in' down, boy.
Dark gon' catch me here.
ohne Bottleneck
mit Bottleneck

C7
ohne Bottleneck
Ooo ___ eee, ___
boy, dark gon' catch me here. ___
G7
mit Bottleneck
ohne Bottleneck
D7♯9
G7
I have-n't got no lov - in' sweet wom - an that ___
mit Bottleneck
love and feel my care. ___
Strophe
G
G
ohne Bottleneck
mit Bottleneck
4. You can run, ___ you can run. ___
ohne Bottleneck
mit Bottleneck
Tell my friend - boy Wil - lie Brown. ___

63

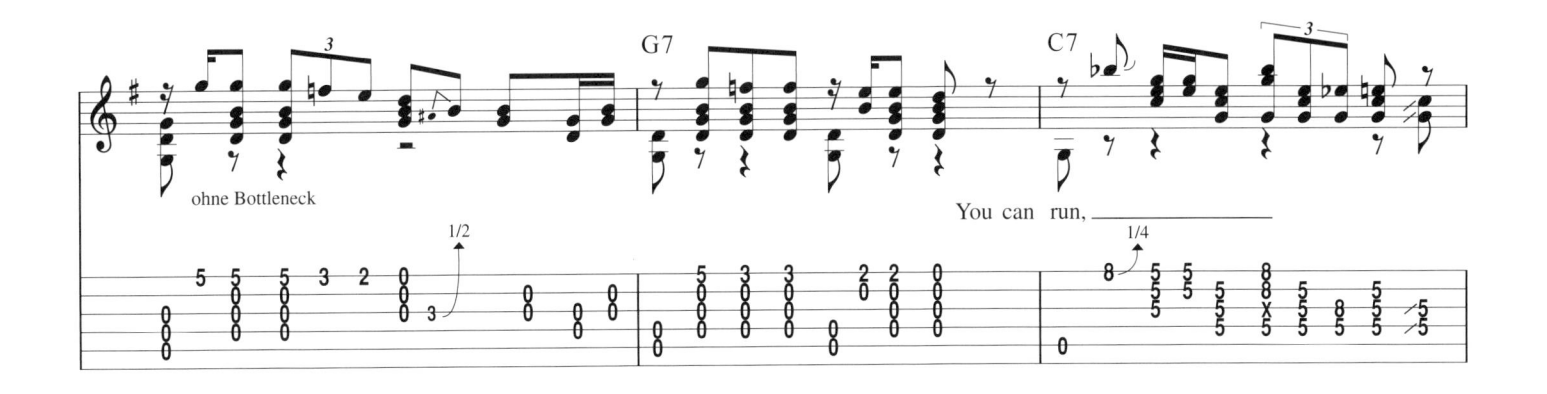

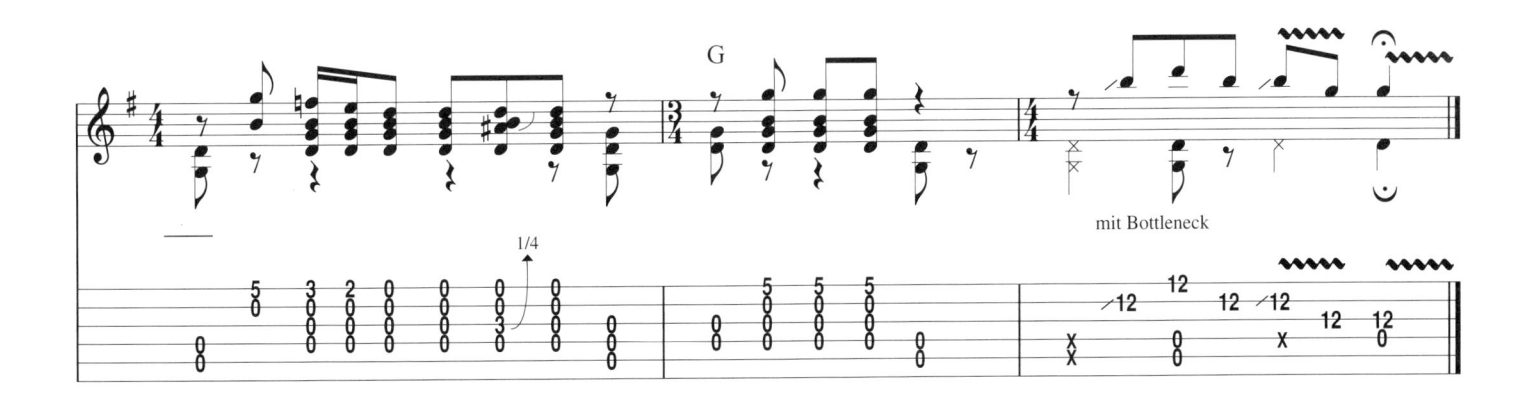

KAPITEL 7: AKUSTIK-RIFFS

Zwar machen Schlagmuster und Fingerstyle-Patterns einen Großteil der Akustikgitarrenmusik aus, aber wir wollen das Riff nicht vergessen. Gitarristen aller Genres haben sich das unnachahmliche Timbre des Instruments zunutze gemacht und zeitlose musikalische Perlen geschaffen. In diesem Kapitel wollen wir uns ein paar Riff-Konzepte ansehen, die im Reich der Akustikgitarre häufig Anwendung finden

BORDUNSAITEN

Nichts kommt dem Klang der Leersaiten von Akustikgitarren gleich. Es klingen zwar auch Barrégriffe klasse, aber das Instrument klingt erst so richtig nach Akustikgitarre, wenn bei einem Akkord Leersaiten im Spiel sind. Hier werfen wir einen Blick auf Riffs, bei deren Sound Leersaiten – tiefe und hohe – eine tragende Rolle spielen.

Beginnen wir mit einer einfachen Übung, die diesen Ansatz illustriert. Als einfachen Einstieg in die Welt der Bordunsaiten kann man einen offenen Akkord wählen und den Griff hinauf zu den Akkorden der Subdominante und der Dominante in der entsprechenden Tonart schieben, während die Leersaiten weiterschwingen. In D-Dur beispielsweise ist der Tonika-Akkord D, die Subdominante G und die Dominante A. Das sieht dann so aus.

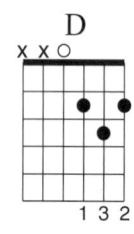

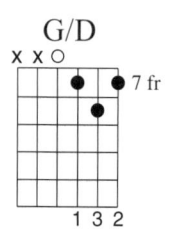

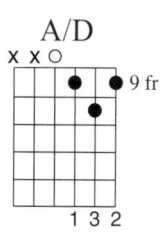

Versuchen wir das gleiche in C-Dur, erklingen auf den gegriffenen Saiten C, F und G. Schau dir mal an, welche interessanten Harmonien hier entstehen, weil die hohe E- und die G-Saite offen bleiben.

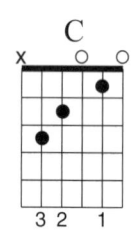

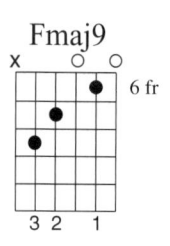

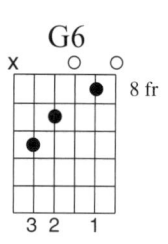

Hier ist das gleiche Konzept in E-Dur. Die Griffmuster basieren auf den Akkorden E, A und B, aber die Harmonien, die erklingen, sind wesentlich interessanter als die üblichen Tonika-, Subdominant- und Dominant-Akkorde.

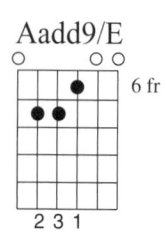

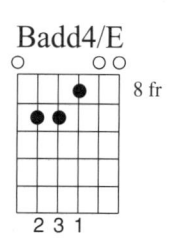

Wenden wir nun die verschiedenen Spieltechniken, die wir gelernt haben (Schlagen, Travis Picking, gebrochene Akkorde), auf diese Akkorde an, dann entstehen einzigartige Riffs. Etwa in der Art der nächsten Beispiele:

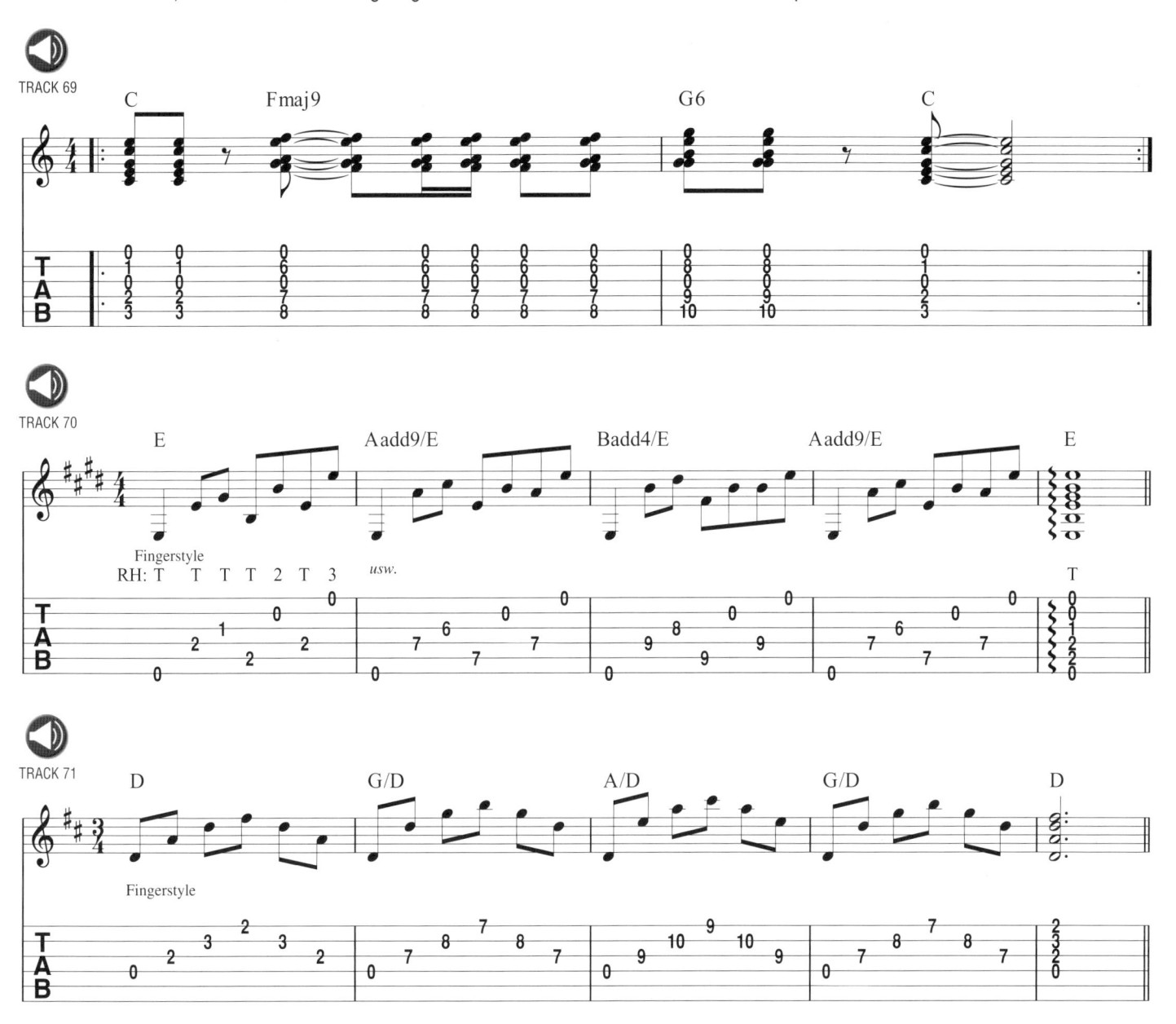

TRACK 69

TRACK 70

TRACK 71

Diesen Ansatz kann man auf alle Akkorde einer diatonischen Tonleiter anwenden – nicht nur auf die der Stufen I, IV und V (Tonika, Subdominante, Dominante). Hier bewegen wir uns durch alle Stufen der Tonarten D-Dur, A-Dur und E-Dur. Achte besonders auf die klangvollen Harmonien, die sich durch die Leersaiten ergeben.

D-Dur

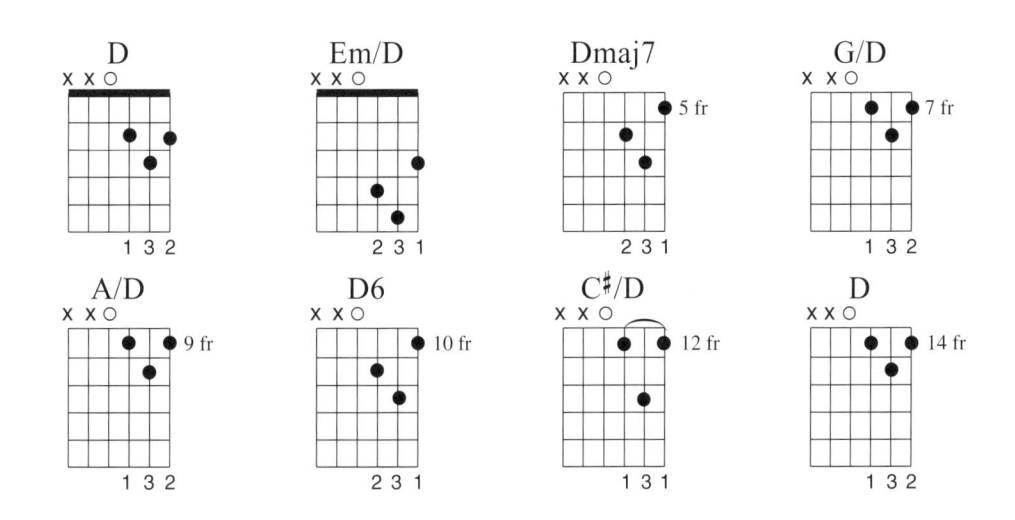

A-Dur

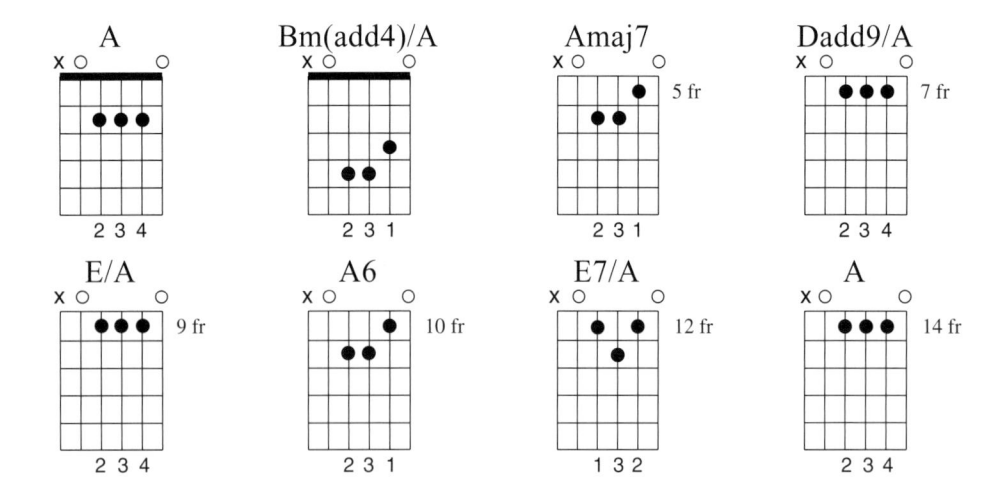

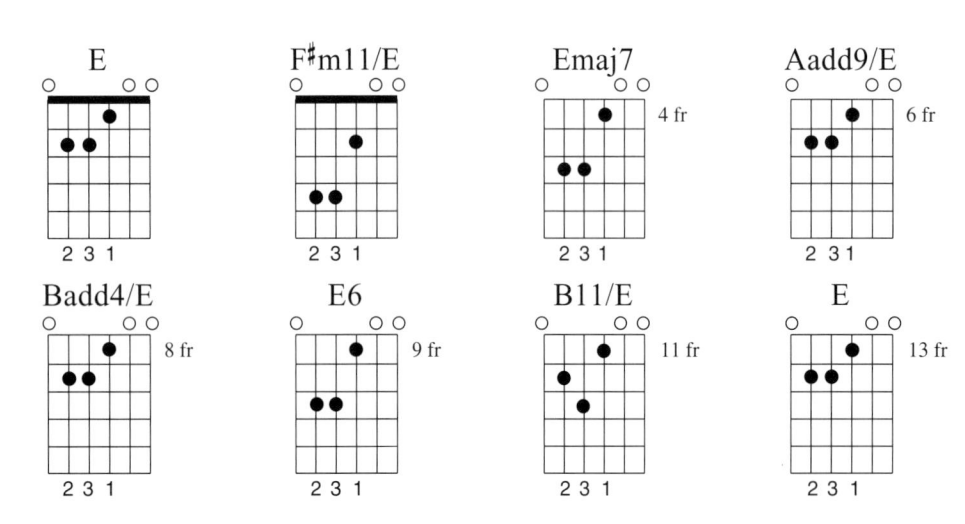

Nimmt man nun ein so starkes Ausdrucksmittel wie den Bottleneck hinzu, kann es sogar noch spannender werden. Probier mal die folgenden Beispiele aus, um den Sound zu steigern.

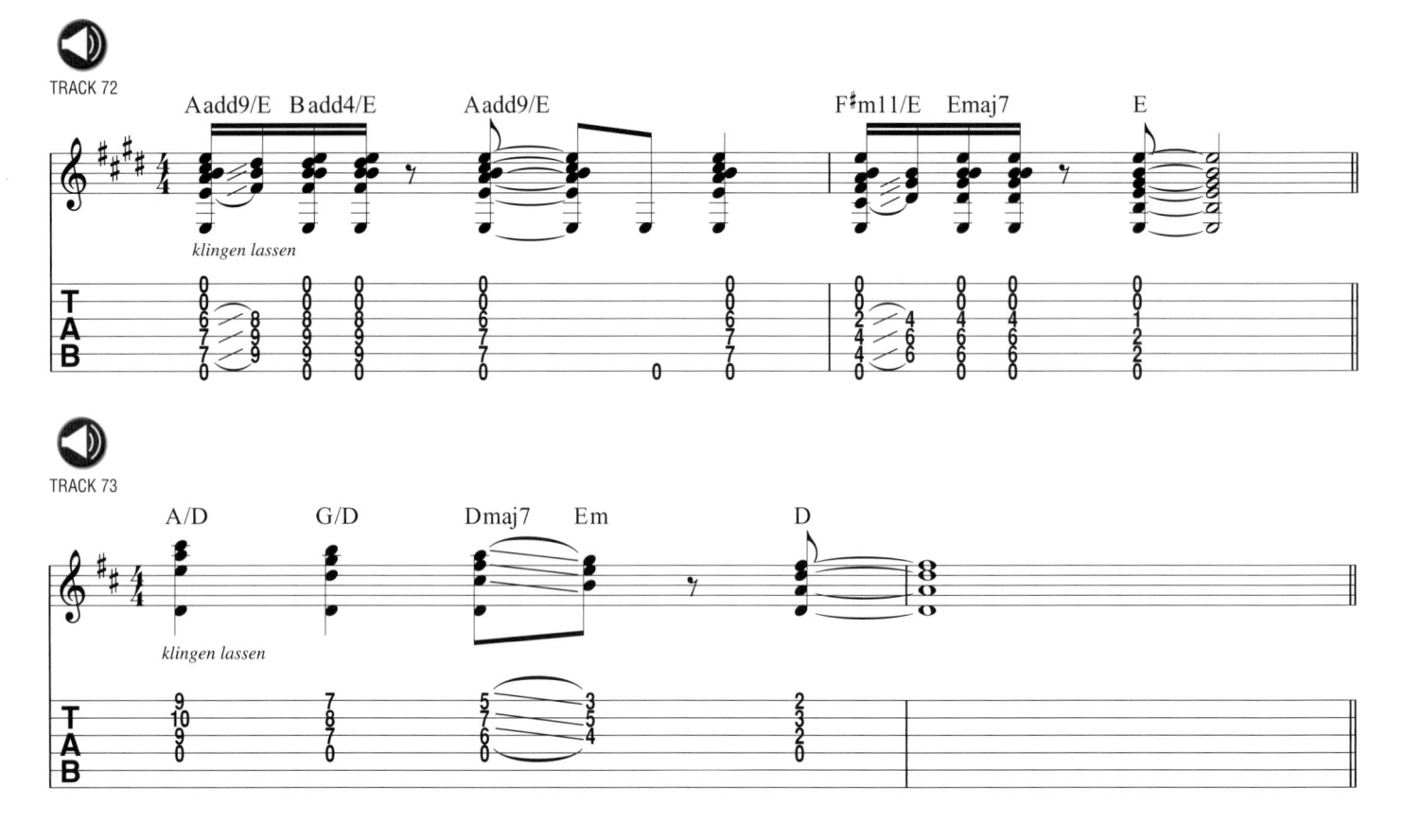

TRACK 72

TRACK 73

Sogar etwas so simples wie ein Powerchord kann frisch und neu klingen, wenn man ihn mit Bordunsaiten kombiniert.

TRACK 74

klingen lassen

Hier sind ein paar Beispiele für klassische Riffs mit Leersaiten.

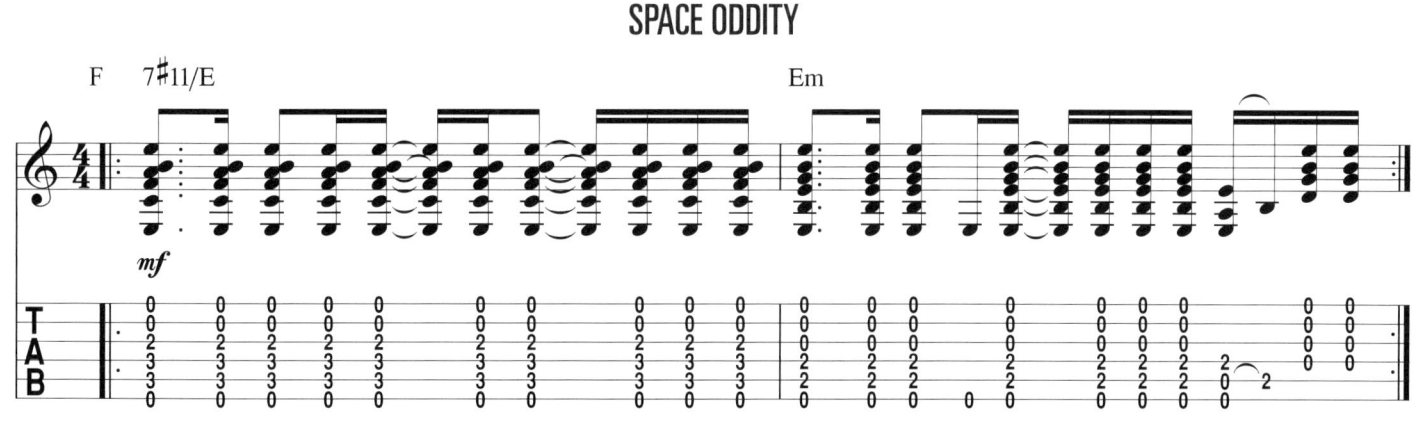

SPACE ODDITY

Words and Music by David Bowie
© Copyright 1969 (Renewed) Onward Music Ltd., London, England
TRO - Essex Music International, Inc., New York, controls all publication rights for the U.S.A. and Canada
International Copyright Secured
All Rights Reserved Including Public Performance For Profit
Used by Permission

DUST IN THE WIND

Fingerstyle
klingen lassen

Words and Music by Kerry Livgren
© 1977, 1978 EMI BLACKWOOD MUSIC INC. and DON KIRSHNER MUSIC
All Rights Controlled and Administered by EMI BLACKWOOD MUSIC INC.
All Rights Reserved   International Copyright Secured   Used by Permission

HEAVEN BESIDE YOU

TRACK 75

durchgehend klingen lassen

Lyrics by Jerry Cantrell
Music by Jerry Cantrell and Mike Inez
Copyright © 1995 Buttnugget Publishing and Michael Inez Music
International Copyright Secured   All Rights Reserved

67

AKKORDVERZIERUNGEN

Bei dieser Technik wird ein Akkord kurz durch einen benachbarten Ton (oder zwei) verziert, wodurch harmonisch und rhythmisch interessante Momente entstehen. Eine Quarte als Vorhalteton ist eine der verbreitetsten Beispiele für diese Technik, aber, wie wir sehen werden, gibt es zahlreiche weitere Möglichkeiten.

Beginnen wir zunächst mit einem einfachen Beispiel. Hier verzieren wir einen simplen D-Dur-Akkord zuerst durch ein G und dann durch ein E (offene E-Saite). So wird aus D-Dur Dsus4 beziehungsweise Dsus2. Die Bezeichnungen leiten sich aus der Tatsache ab, dass die Terz des Akkords (das F#) vorübergehend durch einen Vorhalteton aufgehoben (engl.: *suspended*) ist.

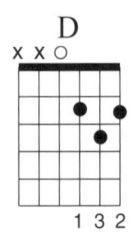

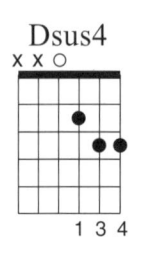

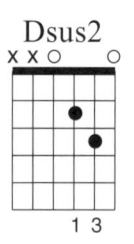

Hier wird das gleiche Vorgehen auf verschiedene weitere Akkorde angewendet. Beachte, dass bei jedem Griff kleinere Anpassungen vorgenommen werden müssen (etwa, dass die offene E-Saite bei Csus2 nicht gespielt wird, da das E die Terz des Akkords ist). Bei manchen Akkorden, etwa E, gibt es keinen praktikablen Fingersatz für einen Sekundvorhalt (sus2). Die Quarte hingegen wird wie abgebildet oft als Vorhalt eingesetzt (sus4).

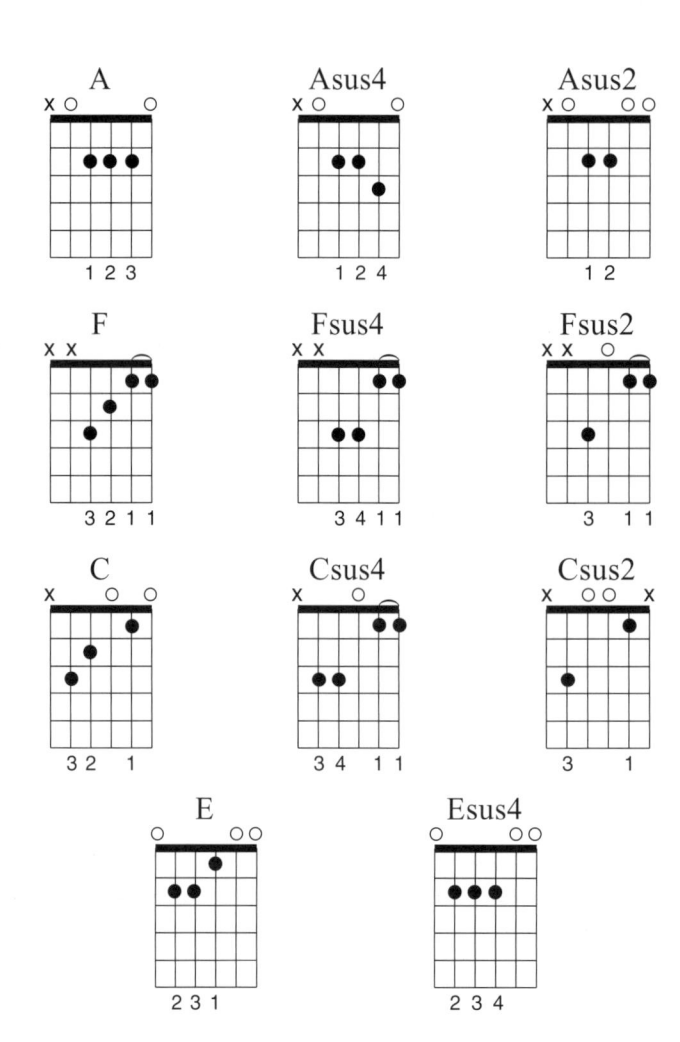

Zu den weiteren geläufigen Verzierungstönen gehören die Sexte und die None. Hier eine Reihe Beispiele. (Anmerkung: Die None ist eigentlich der gleiche Ton wie die Sekunde. Die Bezeichnung des Akkords hängt davon ab, ob die Terz erklingt. Der Ton wird als None (9) bezeichnet, falls die Terz ebenfalls im Akkord vorhanden ist; falls nicht, handelt es sich in Regel um einen Sus2-Akkord.)

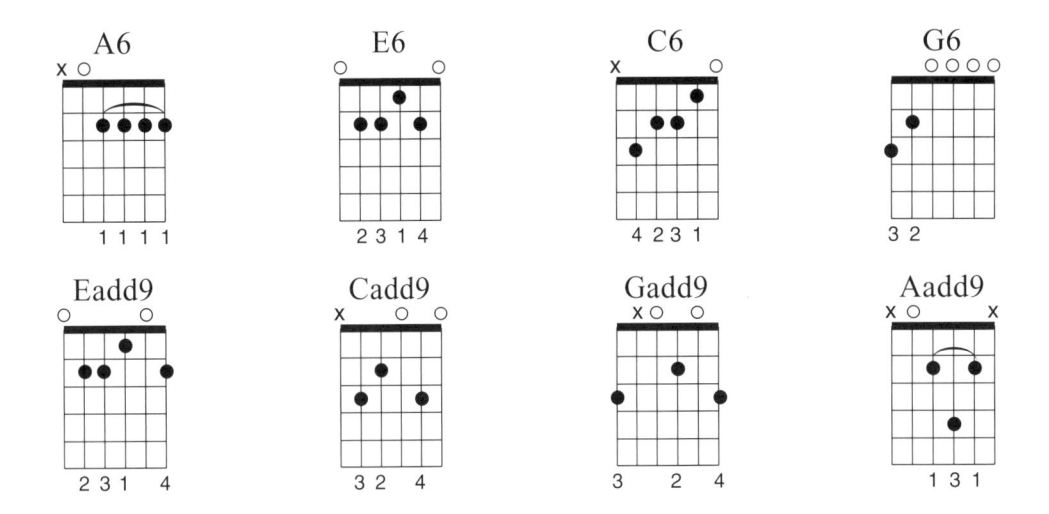

Auch die große Septime (engl.: *major 7th*) wird gelegentlich als Verzierung verwendet.

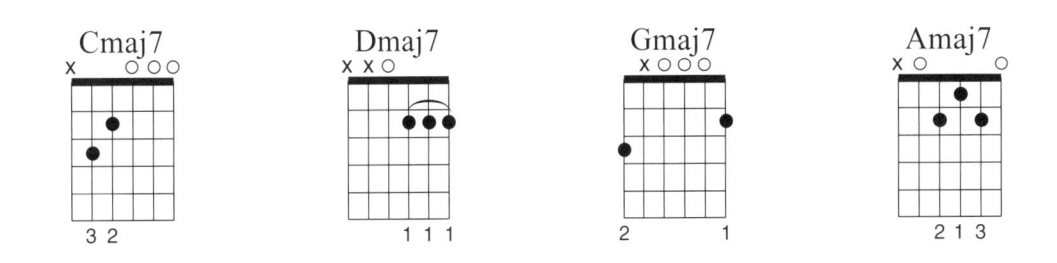

Beim Spielen dieser Verzierungen gibt es nur wenige technische Varianten. Sie einfach im Schlagmuster einzubauen, ist wahrscheinlich die geläufigste. Hier sind ein paar Beispiele dazu.

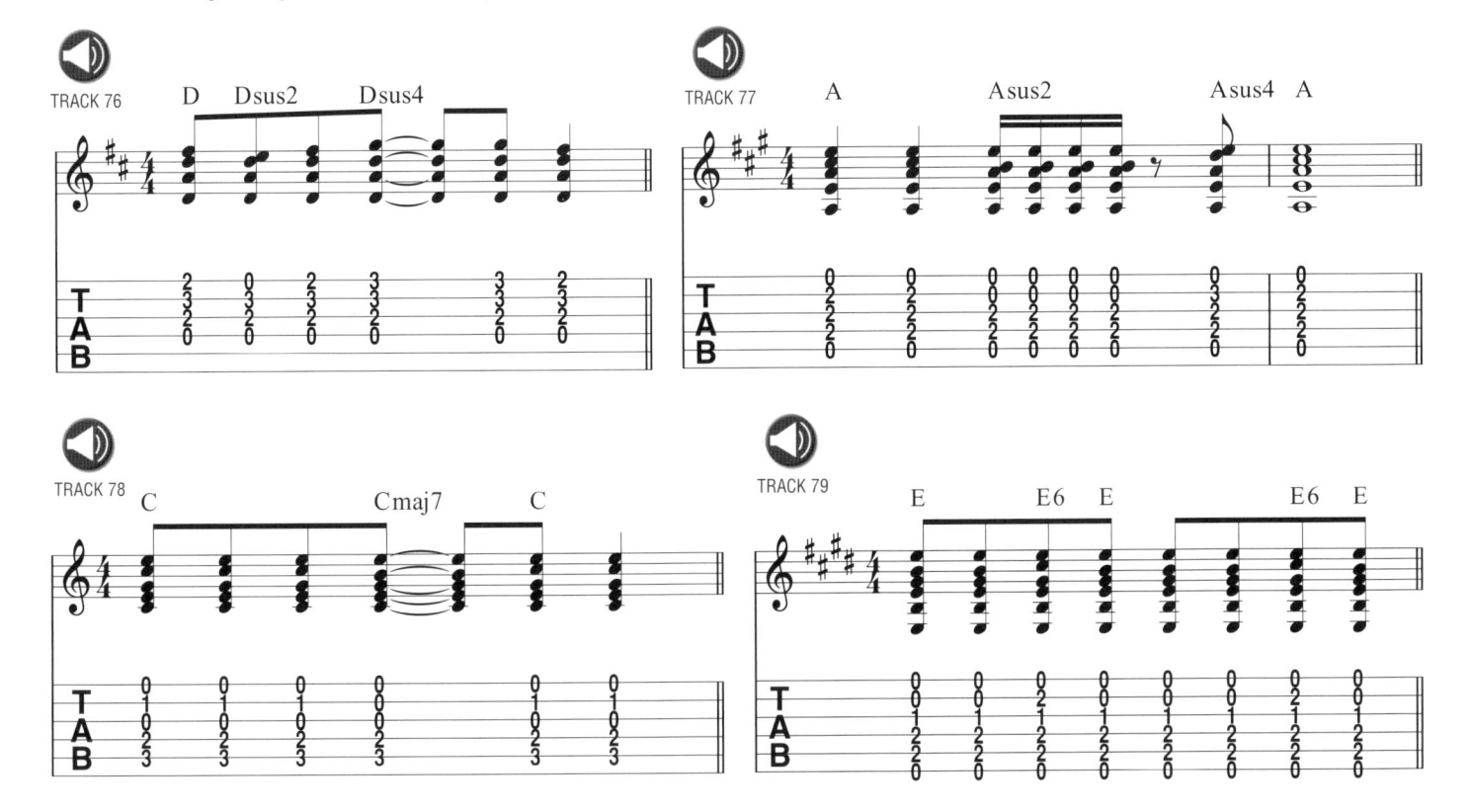

TRACK 76

TRACK 77

TRACK 78

TRACK 79

Als weitere Möglichkeit lassen sich Verzierungen in Form von Hammer-ons bzw. Pull-offs spielen. Schau dir die Beispiele unten einmal an, dann siehst du, wie das geht.

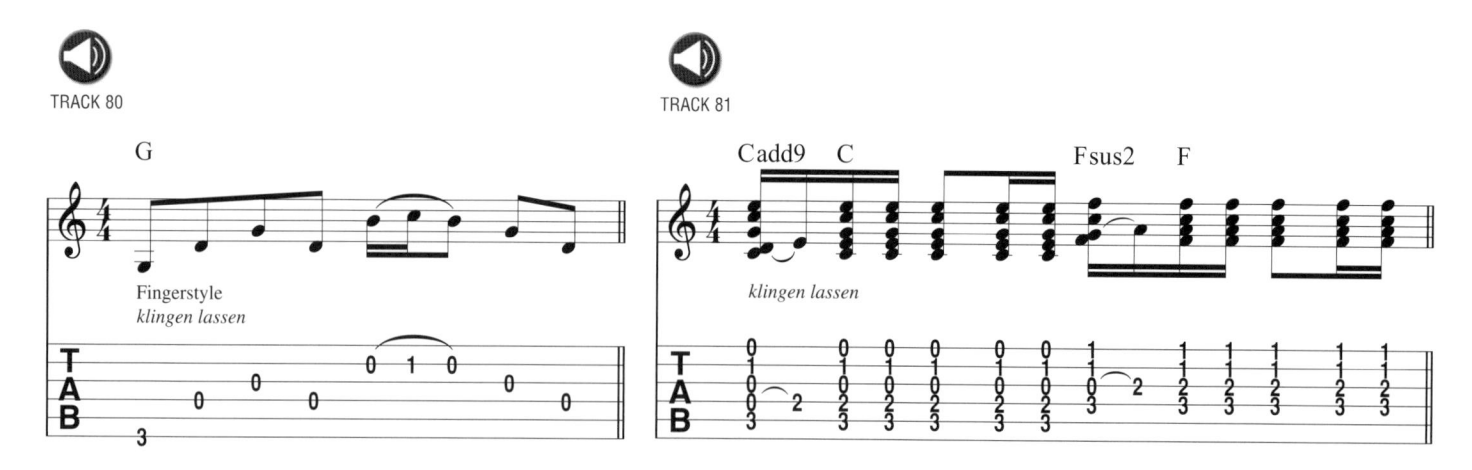

TRACK 80

TRACK 81

Werfen wir nun einen Blick auf solche Verzierungen in Riffs aus „echten" Songs.

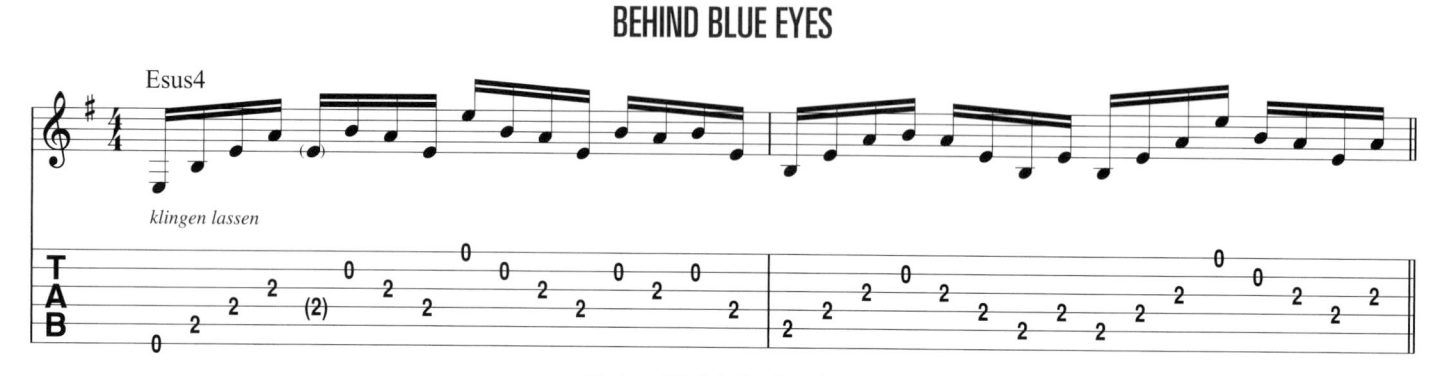

BEHIND BLUE EYES

Words and Music by Pete Townshend
Copyright © 1971 by Towser Tunes, Inc., ABKCO Music and Fabulous Music Ltd.
Copyright Renewed
All Rights for Towser Tunes, Inc. Administered by BMG Music Publishing International
All Rights for BMG Music Publishing International in the U.S. Administered by Careers-BMG Music Publishing, Inc.
International Copyright Secured   All Rights Reserved

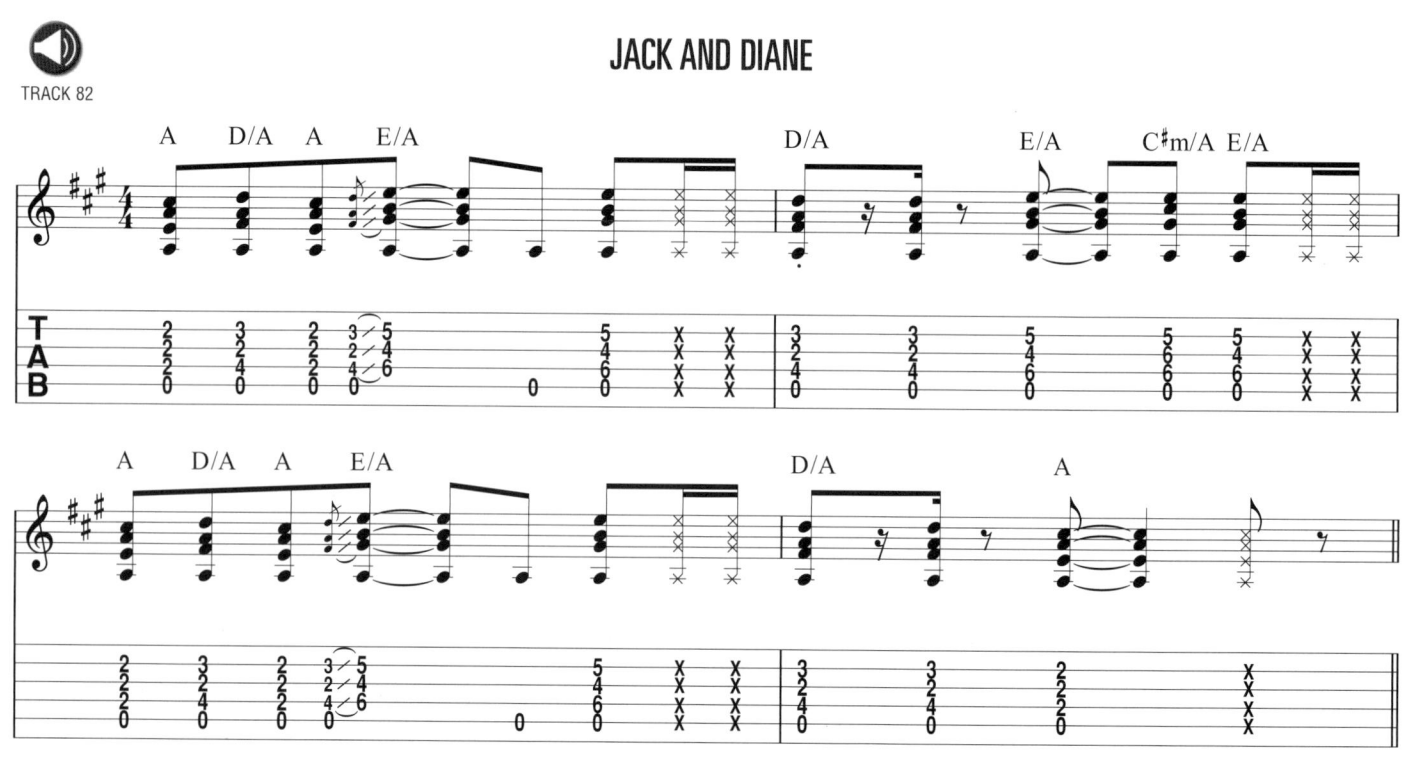

JACK AND DIANE

TRACK 82

Words and Music by John Mellencamp
© 1982 EMI FULL KEEL MUSIC
All Rights Reserved   International Copyright Secured   Used by Permission

CHANGE THE WORLD

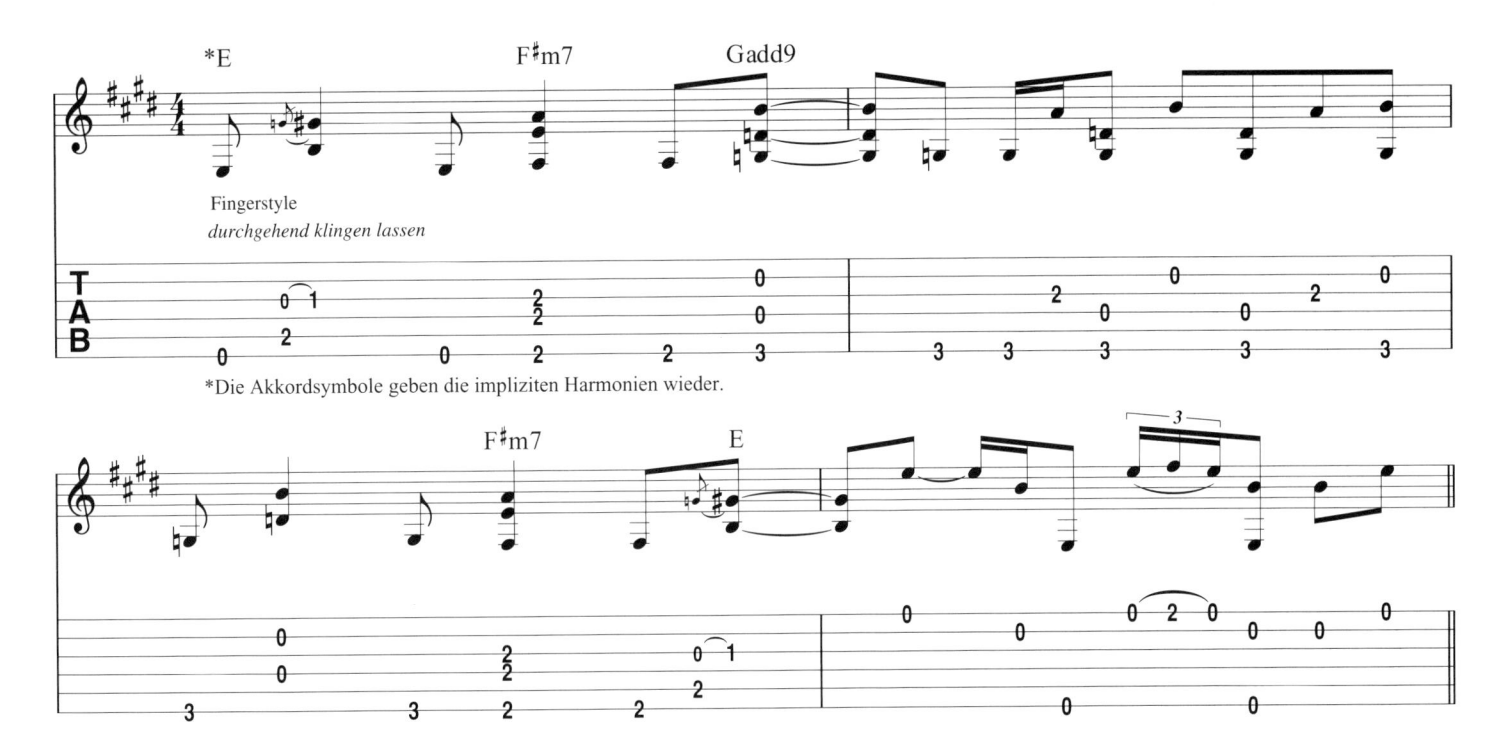

*Die Akkordsymbole geben die impliziten Harmonien wieder.

Words and Music by Wayne Kirkpatrick, Gordon Kennedy and Tommy Sims
Copyright © 1996 by Careers-BMG Music Publishing, Inc., Magic Beans Music, BMG Songs, Inc.,
Universal - PolyGram International Publishing, Inc. and Universal - MCA Music Publishing
International Copyright Secured   All Rights Reserved

FREE FALLIN'

*Akkordsymbole in Klammern bezeichnen den Griff mit Kapo.
Symbole darüber geben an, welcher Akkord dabei erklingt. In der Tabulatur ist „0" der Bund mit Kapo.

Words and Music by Tom Petty and Jeff Lynne
© 1989 EMI APRIL MUSIC INC. and GONE GATOR MUSIC
All Rights Reserved   International Copyright Secured   Used by Permission

JAM SESSION

OK – jetzt wird es Zeit für eine Jam Session mit der „großartigsten Rock'n'Roll-Band der Welt". Keith Richards von den Rolling Stones gilt vielen als der größte Rhythmus- und Riff-Gitarrist aller Zeiten. Bei der Begleitung des Klassikers „Angie" rückt er seine Akustikgitarre ins rechte Licht. Mit einer Kombination aus gebrochenen Akkorden und Schlagpatterns gestaltet er einen interessanten Rhythmuspart und gibt dem Song seinen spezifischen Sound.

Im ersten Refrain wird die Instrumentierung durch den Einsatz einer geschlagenen zwölfsaitigen Akustikgitarre angereichert (hier für sechssaitige Instrumente arrangiert). Richards streut zahlreiche rhythmische Perlen ein. Ein wunderbares Beispiel sind die Takte 17/18, wo er auf die pentatonische Haupt-Hookline des Songs in a-Moll mit einem chromatischen Riff über das benachbarte E7 antwortet. Achte einmal auf die zahlreichen Akkordverzierungen, mit denen Richards die Harmonik anreichert.

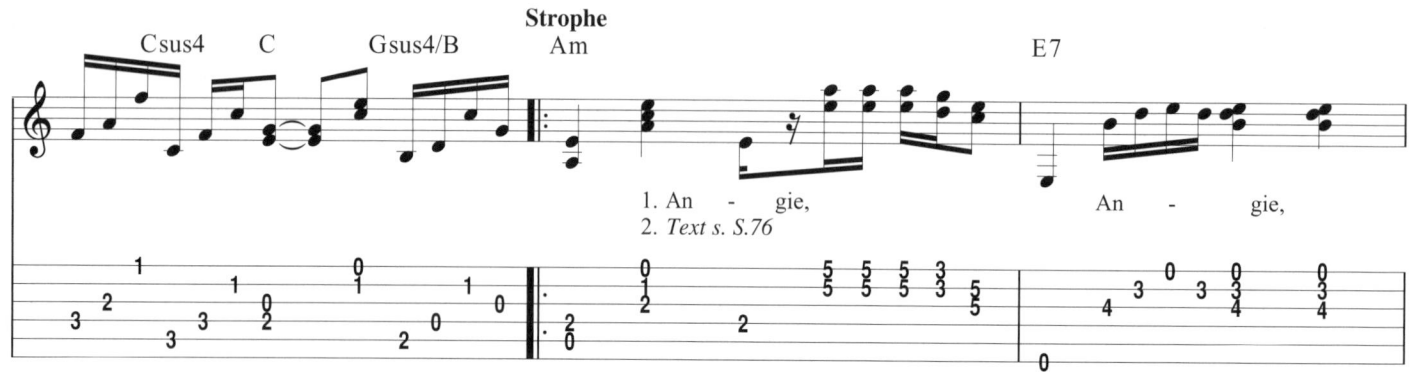

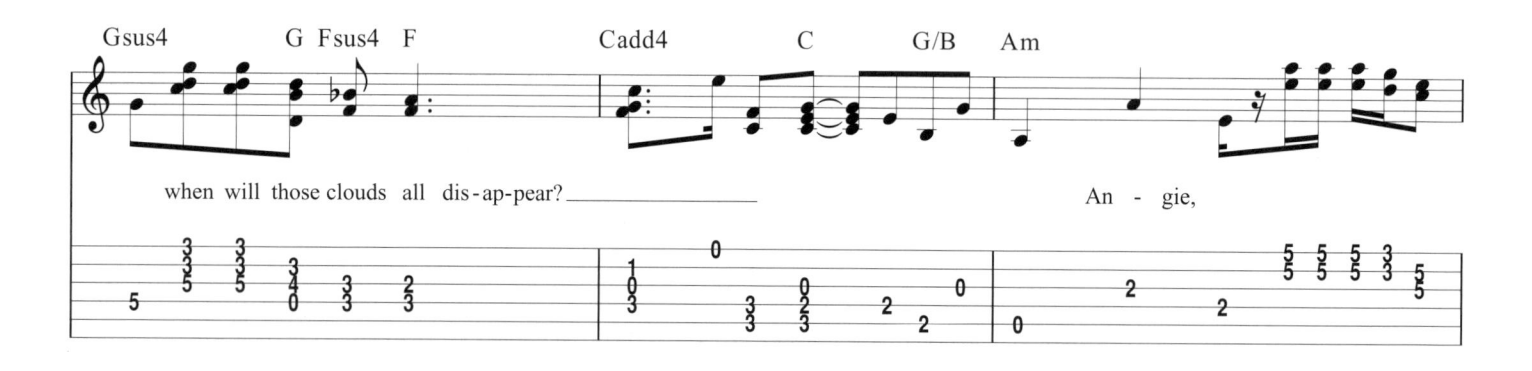

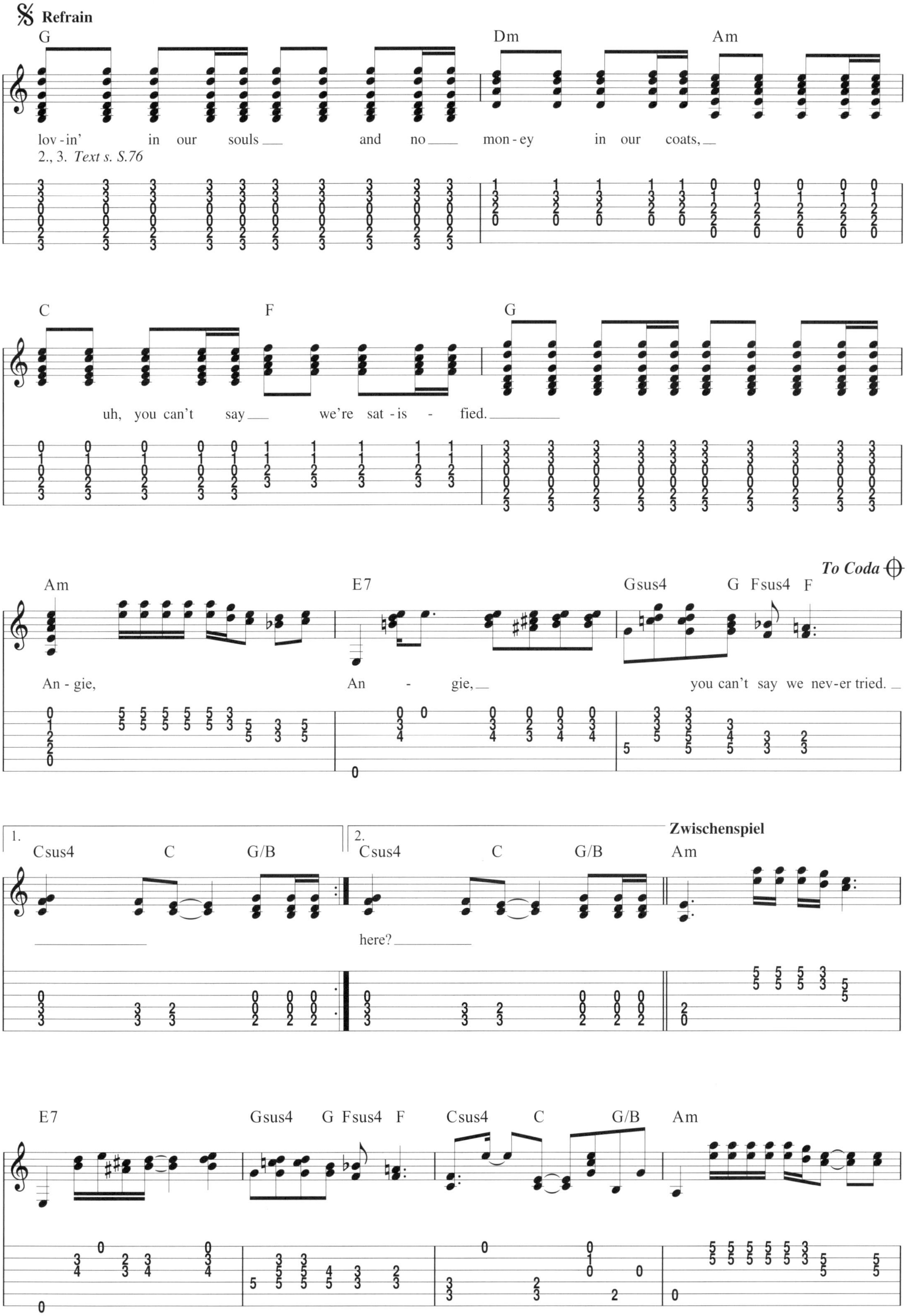
Refrain
G
Dm
Am
lov-in' in our souls and no mon-ey in our coats,
2., 3. Text s. S.76
C
F
G
uh, you can't say we're sat-is-fied.
To Coda
Am
E7
Gsus4 G Fsus4 F
An-gie, An-gie, you can't say we nev-er tried.
1.
Csus4 C G/B
2.
Csus4 C G/B
Zwischenspiel
Am
here?
E7
Gsus4 G Fsus4 F
Csus4 C G/B
Am

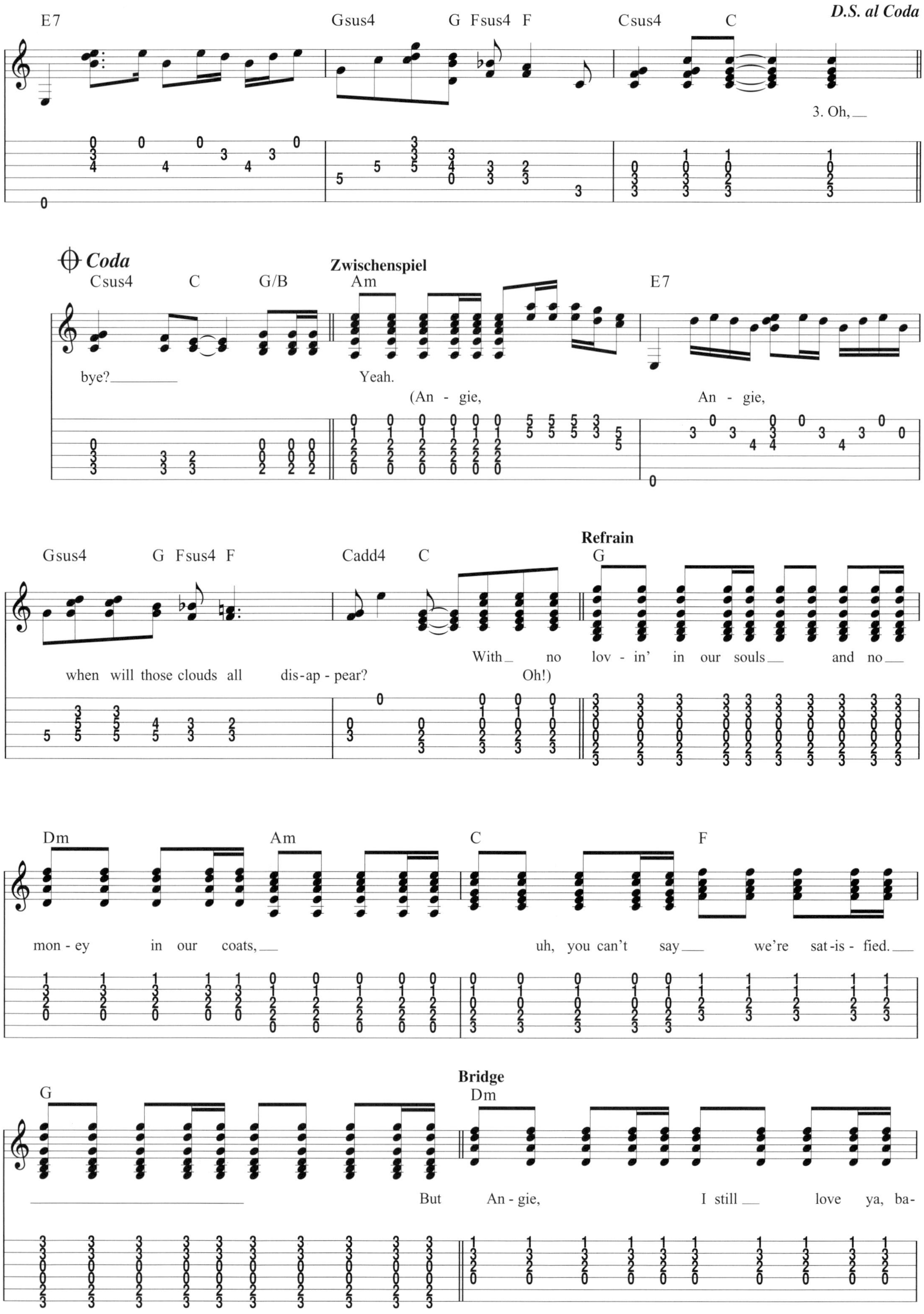

D.S. al Coda
E7 Gsus4 G Fsus4 F Csus4 C
3. Oh,
Coda
Zwischenspiel
Csus4 C G/B Am E7
bye? Yeah.
(An - gie, An - gie,
Gsus4 G Fsus4 F Cadd4 C
Refrain
G
when will those clouds all dis-ap - pear? Oh!)
With no lov - in' in our souls and no
Dm Am C F
mon - ey in our coats, uh, you can't say we're sat-is - fied.
G
Bridge
Dm
But An - gie, I still love ya, ba-

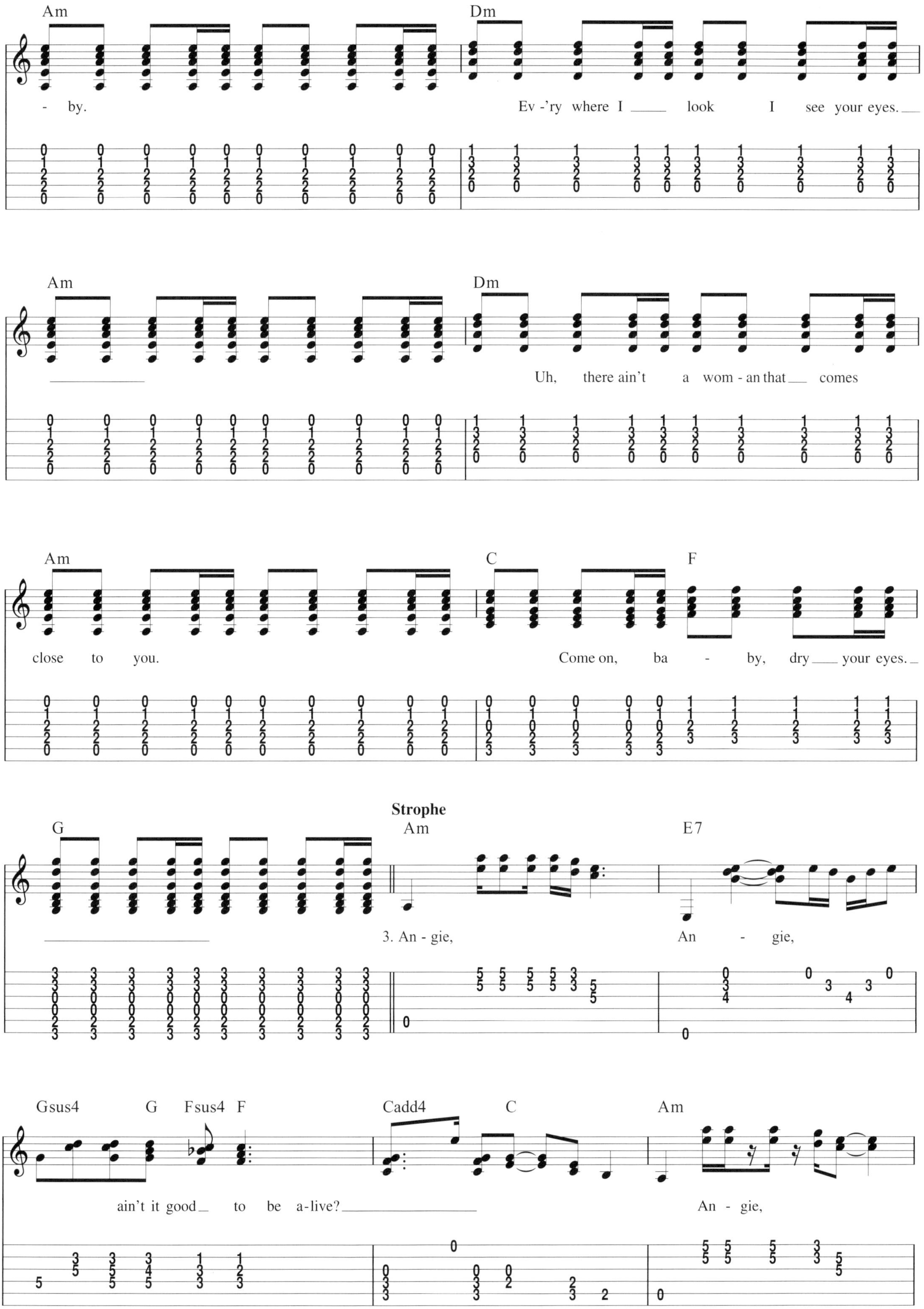

Am
Dm
- by.
Ev -'ry where I ___ look I see your eyes.___
Am
Dm
Uh, there ain't a wom - an that___ comes
Am
C
F
close to you.
Come on, ba - by, dry___ your eyes._
G
Strophe
Am
E7
3. An - gie,
An - gie,
Gsus4 G Fsus4 F
Cadd4 C
Am
ain't it good_ to be a-live?
An - gie,

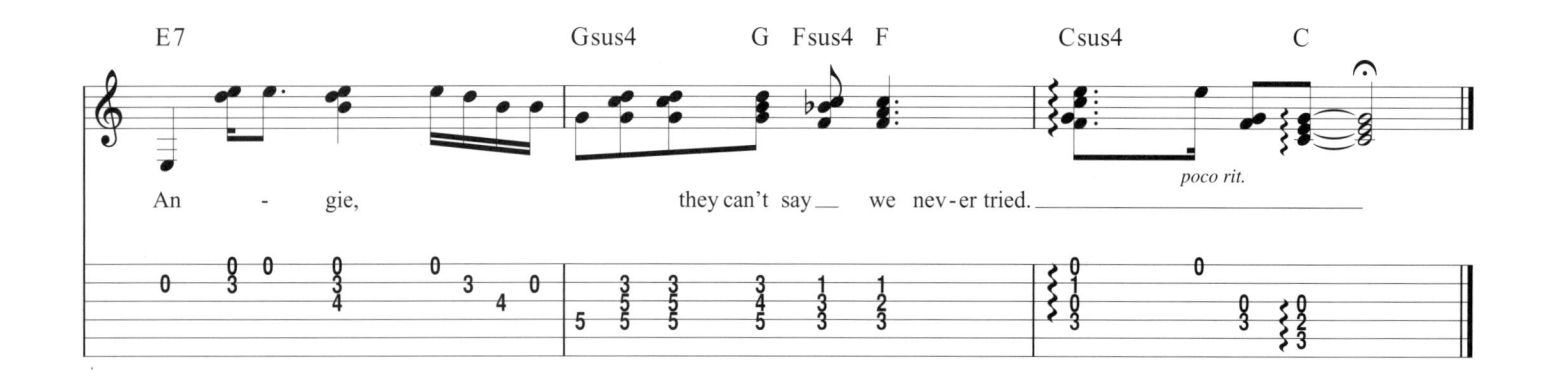

Weiterer Text

2. A-Angie, you're beautiful, yes,
But ain't it time we said good-bye?
A-Angie, I still love ya.
Remember all those nights we cried?

Refrain 2. All the dreams we held so close
Seemed to all go up in smoke.
Uh, let me whisper in your ear.
Whispered: Angie, Angie,
Where will it lead us from here?

Refrain 3. Oh, Angie, don't you weep,
All your kisses still taste sweet.
I hate that sadness in your eyes.
But Angie, Angie,
A-Ain't it time we said good-bye?

NACHWORT

Soweit also die Hal-Leonard-Akustikgitarren-Methode. Ich hoffe, du hast dir ein paar nützliche Spieltechniken aneignen können und ein Verständnis dafür entwickelt, wann und wie man sie einsetzen kann. Hab keine Scheu, Elemente zu übernehmen, die für den Stil anderer Gitarristen typisch sind. Nur so kann ein neuer Stil entstehen. Denk daran, dass es immer Neues zu lernen gibt – sei offen dafür. Viel Spaß!

Chad Johnson

Gitarrennotationen

Gitarrenmusik kann auf drei unterschiedliche Arten notiert werden: in gewöhnlicher Notenschrift, als Tabulatur und in Rhythmusnotation.

RHYTHMUSNOTATION wird über einem Notensystem notiert. Schlage die Akkorde in dem angegebenen Rhythmus. Die im Heft angegebenen Grifftabellen zeigen den Fingersatz für jeden Akkord an. Runde Notenköpfe stehen für Einzeltöne.

Die **NOTENSCHRIFT** bildet Tonhöhe und Rhythmus ab und ist durch Taktstriche in Takte eingeteilt. Die Töne sind nach den ersten sieben Buchstaben des Alphabets benannt.

In der **TABULATUR** ist das Griffbrett der Gitarre abgebildet. Die waagrechten Linien stellen die Saiten dar, die Ziffern die Bünde.

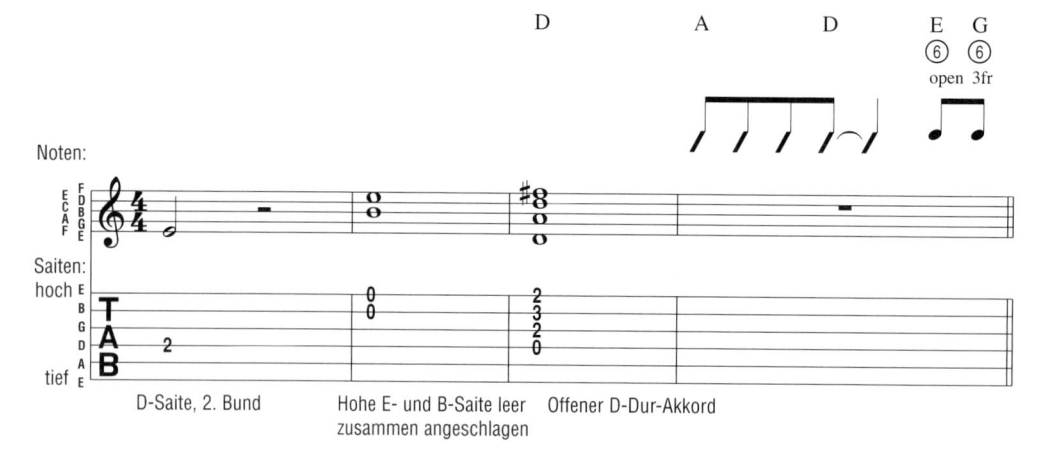

Besondere Notationen für Gitarre

HALBTON-BENDING: den Ton anschlagen und einen Halbton aufwärts ziehen.

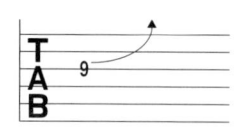

GANZTON-BENDING: den Ton anschlagen und einen Ganzton aufwärts ziehen.

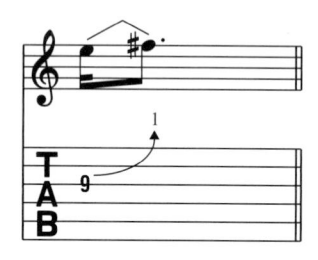

BENDING ALS VORSCHLAG: den Ton anschlagen und sofort um das angegebene Intervall aufwärts ziehen.

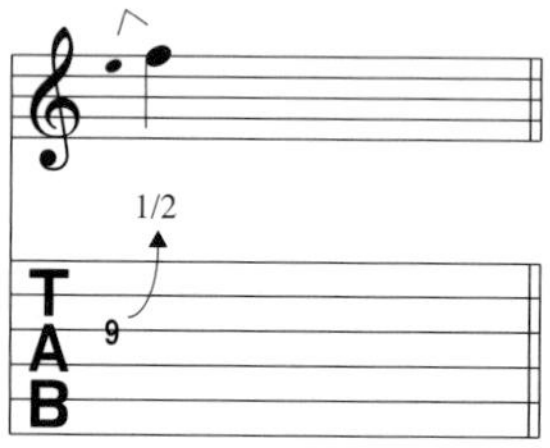

VIERTELTON-BENDING: den Ton anschlagen und um einen Viertelton aufwärts ziehen.

BENDING UND RELEASE: den Ton anschlagen, aufwärts ziehen wie angegeben, dann die Seite zum Ursprungston entspannen. Nur der erste Ton wird angeschlagen.

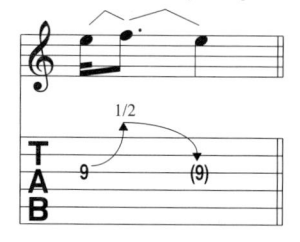

PRE-BENDING: die Saite wie angegeben ziehen, dann erst den Ton anschlagen..

PRE-BENDING UND RELEASE: die Saite wie angegeben ziehen. Den Ton anschlagen und die Saite zum gegriffenen Ton entspannen.

UNISON-BENDING: beide Saiten gleichzeitig anschlagen und die tiefere auf den gleichen Ton ziehen, der auf der höheren „pur" gegriffen wird.

VIBRATO: durch schnelles Ziehen und Entspannen der Saite mit der Greifhand.

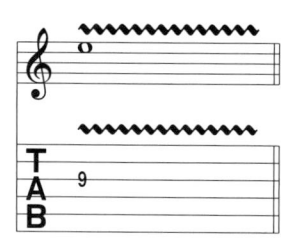

STARKES VIBRATO: Die Tonhöhe wird durch stärkeres Ziehen mit der Greifhand stärker verändert.

HAMMER-ON: den ersten (tieferen) Ton anschlagen, dann den höheren Ton (auf derselben Saite) mit einem anderen Finger greifen, ohne sie erneut anzuschlagen.

PULL-OFF: beide zu spielenden Töne greifen. Den ersten Ton anschlagen und den Finger ohne weiteren Anschlag wegziehen, sodass der zweite (tiefere) Ton erklingt.

LEGATO-SLIDE: den ersten Ton anschlagen und dann mit dem gleichen Finger der Greifhand zum nächsten Ton rutschen (auf- oder abwärts). Der zweite Ton wird nicht angeschlagen.

SHIFT-SLIDE: fast wie ein Legato-Slide, doch hier *wird* der zweite Ton angeschlagen.

TRILLER: sehr schnelle Wechsel zwischen den angegebenen Tönen; durchgängig als Hammer-ons und Pull-offs.

TAPPING: mit Zeige- oder Mittelfinger der Greifhand im angegebenen Bund auf die Saite „hämmern" und dann „abziehen", dass der gegriffene zweite Ton erklingt.

NATÜRLICHES FLAGEOLETT (ODER OBERTON) (engl.: *natural harmonic*): die Saite anschlagen, während ein Finger über dem angegebenen Bundstäbchen leicht auf der Saite liegt.

PLEKTRUM-FLAGEOLETT (engl.: *pinch harmonic*): Der Ton wird normal gegriffen und der Oberton erzeugt, indem die Daumenkante oder eine Fingerspitze der Schlaghand unmittelbar nach dem Anschlag die schwingende Saite berührt..

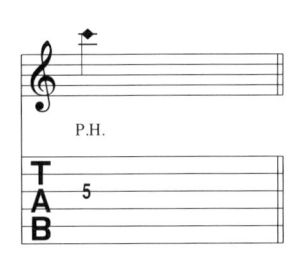

KÜNSTLICHES FLAGEOLETT (engl. *harp harmonic*): Der Ausgangston wird normal gegriffen. Dann wird ein Oberton erzeugt, indem man einen Finger leicht im (in Klammern) angegeben Bund auf die Saite legt, während der Daumen der Schlaghand oder das Plektrum die entsprechende Saite anschlägt.

PICK SCRAPE: mit dem Rand des Plektrums an der Saite entlangkratzen (aufwärts oder abwärts).

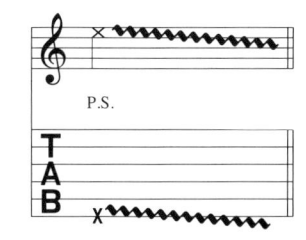

ABGESTOPPTE SAITEN: Ein perkussives Geräusch wird erzeugt, indem man die Greifhand über die Saite(n) legt, ohne sie niederzudrücken, und dann anschlägt.

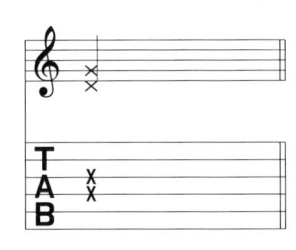

DÄMPFEN MIT DEM HANDBALLEN (engl.: *palm muting*): den Ton mit der Schlaghand abdämpfen, indem der Ballen knapp vor dem Steg leicht auf den Saiten liegt.

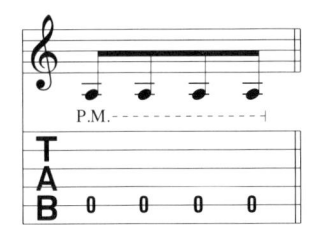

RAKE: das Plektrum in einer Bewegung über die angegebenen Saiten ziehen.

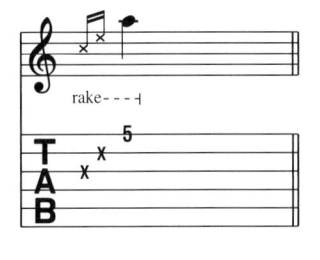

TREMOLO-ANSCHLAG: den Ton so schnell und gleichmäßig wie möglich wiederholt anschlagen.

ARPEGGIO: die angegebenen Akkordtöne einzeln in einer Bewegung von tief nach hoch anschlagen.

DIVE AND RETURN: den Ton oder Akkord mit dem Tremolohaken (eigtl.: „Vibrato") um den angegebenen Tonschritt (im Takt) absenken und wieder auf die ursprüngliche Höhe zurückführen.

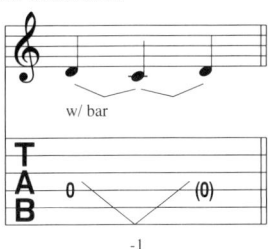

TREMOLO-SCOOP: den Tremolohaken kurz vor dem Anschlagen niederdrücken und schnell „kommenlassen".

TREMOLO-DIP: den Ton anschlagen, sofort wie angegeben absenken und wieder „kommenlassen"

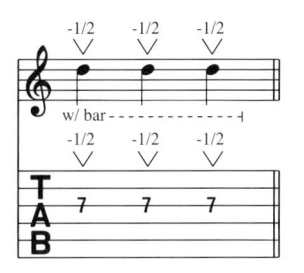

Weitere Zeichen

(Akzent)	akzentuierter Ton (lauter spielen)	**Rhy. Fig.** • (für *rhythmic figure*) Bezeichnung für ein wiederkehrendes (meist akkordisches) Begleitmuster
(Akzent)	stark akzentuierter Ton	**Riff** • Bezeichnung für eine auskomponierte Melodielinie (meist aus Einzeltönen), die sich wiederholt
(Akzent)	den Ton kurz anschlagen	**Fill** • Bezeichnung für eine kurze melodische Figur, die ins Arrangement eingefügt wird
⊓	Aufschlag	**Rhy. Fill** • Akkordisches Fill
V	Abschlag	**tacet** • Das Instrument setzt aus (Pause)
D.S. al Coda	Zurück zum Zeichen (𝄋), von dort bis zu dem Takt spielen, der mit „to Coda" gekennzeichnet ist. Von dort zum Teil „Coda" springen.	• Die Takte zwischen den beiden Zeichen werden wiederholt.
D.C. al Fine	Zurück zum Anfang des Songs. Von dort bis zur Bezeichnung „Fine" (=Ende) spielen.	• Hat ein wiederholter Abschnitt ein abweichendes Ende, werden die Takte unter Klammer 1. beim ersten Durchgang, die unter Klammer 2. bei der Wiederholung gespielt.

Anmerkung In der Tabulatur bezeichnen Zahlen in Klammern:
1. Töne, die über einen Taktstrich hinaus gehalten werden (entspricht Bindebogen in Standardnotation)
2. Töne, die nicht neu angeschlagen aber neu artikuliert werden (durch Hammer-on, Pull-off oder einsetzendes Vibrato)
3. kaum hörbare Ghost Notes (stehen auch in Standardnotation in Klammern).